新型コロナ禍本番の今‼

中小企業の経営者として社員と社員の家族の命を必死で守り切ろう‼

今こそ利他の心で社長業の実践者たれ‼

税理士
経営参与士
神野宗介

はじめに ……「利他の心」の実践は世界に通じる成功の鍵である

新型コロナ感染拡大は、日々の生活や経済活動に大きな影響を与えています。早く終息して欲しいと願うばかりですが、中小企業にとっては、これからがむしろその本番がやってくると強く感じています。

なぜかと言えば、中小企業を襲っているのは新型コロナだけではないからです。すでにご承知の経営者も多いと思いますが、中小企業を半減するという中小企業改革が日本政府によって推進されているからです。

なんと2060年までに200万社の中小企業が淘汰されるというのです。

中小企業は日本全体の雇用の約70％を占め、その数約4、000万人です。

中小企業は日本を支える大事な、大事な存在です。

統合整理では、当然マイナスの部分は切り捨てられ、雇用が100％保証されるなどあり得ません。

半減となれば、2、000万もの人が働く場を失うことになります。

これを日本の危機と言わずして、なんと言えばよいでしょうか。

新型コロナだから大変。

打つ手が見つからない。

確かに、そう考えてしまう現実が目前に起きていることは理解できます。

でも、それで会社経営は維持できるでしょうか。

新型コロナ禍の中では、とても無理です。

しかし新型コロナは、その状況から脱皮するチャンスであると私は考えています。


なぜ新型コロナは我々人類に襲い掛かってきたのでしょうか。その答えは様々あるでしょうし、これからもいろいろ出てくるでしょう。

しかし我々はそうした予想や推測ではなく、会社存続のために具体的に何をするかを考えることです。

人は、困難に遭うとその解決のために自分を変えようと努力はするものですが、なかなかそれが難しい。多くの人が体験していることだと思います。

その変え難い自分を変えてくれるのが、新型コロナなのです。

新型コロナを人類に対する警鐘と捉えれば、経営者の選択はそこに行き着くはずです。

私がそう言い切るのは60年間、中小企業の経営者と関わり、社長の意識が変わり行動が変われば、会社は間違いなく改善されることを体験しているからです。

弱小チームが監督交代で強いチームになることは、日常目にすることです。

トップに立つ者の意識によって組織は生まれ変わるのです。

逆に言えば、トップがチームをどうしたいのか、その思い、意識、ビジョンがなければ崩壊に向かいます。会社でいえば倒産です。

経営者なら、誰だって倒産は避けたいはずです。

ならば、どうするか。

確信を持って言い切ることができる答えがあります。


詳しくは本文で述べますが、「自利利他」、自利とは利他を言うところの「利他の心」の実践です。これは私が先哲から学んだ「経営を成功に導く鍵」です。もちろん、人生を豊かにする生き方でもあります。

また私は、間違いなく世界に通じる成功の鍵であると自信を持って言えます。


国を支える中小企業が元気にならなければ、日本の将来に未来は見えてきません。

断じて、自ら会社を潰すようなことがあってはならないのです。

社長がビジョンを持って生まれ変われば、会社は必ず生まれ変わります。

中小企業の経営者の魂、ここにあり。

社員と社員の家族の命を必死で守る中小企業経営者の姿を、中小企業改革を推進する政府にも堂々と見せていきましょう。

それを現実化するのが、本書のサブタイトル「利他の心で社長業の実践者たれ!!」です。

コロナ禍経済不況直前の暗夜に、明かりを点ずる方向性と喜びを、本書で味わっていただけたら幸甚です。

令和3年8月吉日

神野宗介

目次

第4章　事業は人なり組織なり!!　それは社員の努力を無にしない経営のことなのだ!!

第5章　販売なくして事業なし!!　中小企業のトップセールスの必要性がここにある!!

第6章　中小企業経営にとって数字で示す事業判断は経営の成果（利益）にあり!!

第1章　中小企業の経営者よ!!　勝ち抜く経営の覚悟を!!

新型コロナ禍経済不況直前の今　経営者の姿勢が問われている

会社は間違いなく経営者によって、良くもなれば悪くもなります。

当たり前のように聞こえますが、案外と経営者の意識に入っていないのが現実です。

ゆでガエルの例えのように、新型コロナ禍が経済に大打撃を与えているのに、それに気づかないでいたり、気づいていたとしても会社を守るために何も手を打っていない中小企業の経営者がいるからです。

もうその会社の先は見えています。

なぜなら、いま生き残っている中小企業が、果たして生き残っていけるのかどうか、それさえも分からない状態にあるからです。

中小企業の経営者として、あなたはこの現実をどう捉えているでしょうか。

まさかゆでガエルでいい、なんて言う経営者はいないと思います。

新型コロナで厄介なのは、感染すると死に至るという恐怖があることです。

そして、いつ自分が感染し、いつ自分が加害者になるか分からないことです。

政府としては、国民の命を守るために——決定的な防止対策が見つからない中——結局、緊急事態宣言を出すしかなく、国民の動きが規制され、経済が悪化するということになっています。

さらには変異株による感染者割合が増え、ワクチン接種が徐々に進んでいるものの、感染拡大の終息がいつになるのかは分かりません。

また感染拡大は第6波、第7波まであるという話もあります。

総合して考えると、私はむしろ新型コロナが及ぼす経済への悪影響は、これから本格化すると考えて、自分の会社が生き残る対策を考えておくべきと考えています。


この事態をどう勝ち残っていくか。

一つ、はっきりと言えることがあります。

それは、会社を生かすも殺すも、経営者自身にかかっているということです。

喫緊の問題として、経営者の姿勢がいま問われています。

経営の責任は全て経営者にあり　今こそ社長業に命を燃やそう！

会社を生かすも殺すも経営者自身にあると言えるのは、私の体験があるからです。

中小企業の経営者と接し60年。一つの例外もなく会社は、経営者によって変わることを実際に目にしてきたからです。

試練の場に立たされ、それに負けじと意識を変え、前向きに行動する経営者がいるかと思えば、危機を感じながらも自分のやり方を変えない経営者もいるのです。

意識を変え、前向きに行動する経営者から学ぶことは、環境の悪化に対してその解決策を外に求めるのではなく自分に向けて行動していることです。

新型コロナに限らず経営環境が悪化すると、経営者はどうしてもその原因や解決策を外に求めたくなるものです。

それでは、何の解決にもならないと分かっていても、です。

答えを外に求める経営者は、はっきり言ってゆでガエルです。

ここで私が強調したいことは、経営者の考え方、行動によって、会社は良くもなるし、悪くもなる。「悪い会社はない。ダメな経営者がいるだけ」なのです。

これを逆に解釈すれば、良い経営者がいれば、会社も良くなるということです。

要は、経営の責任は、全て経営者にあるということです。

ここで重要になるのは、経営者の意識です。

困難な時代こそ経営者は、会社を守る、社員とその家族を守る、という強い意識を持たなければなりません。

それによって社長業の本来業務、使命に目覚め、もしくは再認識され、社長業に命を燃やすことができるからです。

誰の問題でもありません。

経営者自身が社長業に目覚めて、命を燃やすことです。

それが、必ずや社員に希望の光を点ずることになるのです。

己を知るために会社と社長業の健康診断を

新型コロナ禍の中にあって、どう会社を守っていったらいいのか。

それには何と言っても経営者が熱き想いをもって前進するしかありません。

新しい時代が始まった、すなわち会社を守るために経営のあり方を見直していく必要があるということです。

ここで重要なのは、確かに時代は変わっていますが、お客様を大事にすることをはじめ、経営の本質は何も変わらないということです。

これをしっかりと認識していないと、良かれと思って打った手が経営の足を引っ張ることになり兼ねません。

販売なくして事業なし!!

事業は人なり組織なり!!

資金繰りあって経営あり!!


利益の確保があって、会社の経営は成り立っています。

しからば、コロナ禍の中にあってどうすれば利益を確保できる経営ができるのか。

経営者にとって、それが一番知りたいことだと思います。


手を打つ前に、まずは現状を知ることが大切です。

現状を知らなければ、具体的な手は打てないからです。

現状の一つは、会社の経営実態です。

もう一つの現状は、経営者の社長業としての実態です。


「自分を知らずして経営を語ることなかれ」

これは私の持論ですが、己を知ることは非常に重要です。知るからこそ、次の行動が出てくるのです。

ではどうすれば現状を知ることができるでしょうか。人間が健康診断をするように、会社の経営も社長業の実態も、健康診断をすればいいのです。

健康診断で問題点が明らかになれば、打つ手が見えてきます。

ではどういう項目を健康診断で調べたらいいのか、幾つかを取り上げます。

健康診断1　資金繰りはどうか

経営における資金は、人間で言えば血液です。

血液の流れが止まってしまえば、死に至ります。

資金繰りが会社経営にとって、いかに重要であるかが分かります。

しかし、経営者の中には「自分は資金繰りをやったことがない」と言う人もいますが、私は本当かと思ってしまいます。

会社経営は、常に順調であるとは限らないので、経営者は資金繰りから一瞬でも目を離してはなりません。

経営者を苦しめるのは、なんだかんだと言っても一番は資金繰りです。

支払日がくるのに資金がない。となれば資金繰りで駆け回ることになり仕事は手につかなくなります。

調達できなかったらどうなるという不安が募り、明日が見えなくなってしまいます。

今回のコロナ禍で、そうした思いをされた経営者もおられると思います。

政府は、持続化給付金、補助金、助成金、資金繰り支援策、中小企業等事業再構築促進事業など、様々な支援策を打ち出しました。

私共の事務所では、そうした制度を顧問先が活用できるようにと全社で取り組み、新しい制度ができればその都度活用するようにしています。

なぜなら、資金繰りの重要性を知っているからです。

ここで重要なのは、返済義務がない資金は別として、借りたものは返済猶予があったとしても必ず返さなければならないことです。

「資金を得た」と安心してしまって、返済できる会社、すなわち会社を黒字化しなければ、毎月同じ苦しみを味わうことになってしまいます。

そこで私は政府に申し上げたい。

「借りたお金は必ず返します。

ただし100年に一回というコロナ禍にあって、返済資金を工面せよと言われてもそれはできる話ではありません。

しかし中小企業の経営者は、もらいっぱなしにはしません。

会社を黒字化して納税で返します」と。

これなら中小企業の経営者は元気が出ます。

なぜそう申し上げるかというと、中小企業が元気になることが国家社会に役立つことができるからです。

政府の皆様、この思い分かってもらえるでしょうか。

経営者としては、資金繰りで苦労しないためには会社を黒字化する以外ありません。しっかりと健康診断を行い、会社を継続発展させる努力をしましょう。

健康診断2　顧客の創造はどうか

「販売なくして事業なし」、お客様がいなければ経営は成り立ちません。

それで、どうしても経営者がやらなければならないのが顧客の創造です。

その例として私の事務所の話をします。

「会計事務所は、顧客の創造はないよ」という人がいます。それは、記帳代行だけが自分の業務だと勘違いしている先生達です。

そんなことはありません。

中小企業の経営者が何を求めているかが分かれば、いろいろ打つ手は出てきます。

それに応えていければ、それが顧客の創造に繋がります。


例えば、「税務調査がありません」というのは経営者にとってとても魅力があります。なぜなら税務調査があると、仕事の時間をとられてしまうからです。

私の事務所では自計化をやり、書面添付による申告是認の体制を作ってきました。

それによってなされた申告に対して、税務調査は一件もありません。

そのことだけではありませんが、お陰でお客様（顧問先）から「パートナーさんに頼んでおいて良かった。いま本当にそう感じています」という感謝の声をいただいています。

まさにお客様が求めることを提供することで、顧客の創造になっているわけです。


顧客の創造は、お客様がお金を出しても欲しいという商品やサービスが提供できればできるということです。

私はこれを「買い場」の創造と言っています。

モノが不足していた時代は、「売り場」に商品を並べれば買ってもらえました。

しかしモノが溢れている現代は、お店に行っても「買いたいモノがない」というのがお客様の声です。

でも、全く売れないわけではありません。

いま述べた「買い場」があれば売れるのです。

それを変わらずに「売り場」でモノを売ろうとしている、だから売れない。

では、どうやってお客様の心を動かす商品なりサービスを提供できる「買い場」を創造できるのか。

コロナ禍で、様々なアイデアで活性化させている経営者がいます。

それは、お客様が欲しくなる商品やサービスをお客様の立場に立って真剣に考え「買い場」を提供するからです。

逆に「売り場」の場合、自分中心の立場で考えるので、お客様の要望に応える商品やサービスが生まれません。

今の時代は、「売り場」を「買い場」に替えていかなければなりません。

それが顧客の創造ということであり、経営者にその責任が託されているのです。

経営者としてあなたは、顧客の創造をどのようにやっているでしょうか。

健康診断3　儲かる仕組みづくりはどうか

儲かる仕組みづくりは、経営者であれば誰もが知りたいことだと思います。

儲からなければ、会社は赤字になり倒産してしまうからです。

経営の全責任が経営者にあるとなれば、儲かる仕組みづくりは経営者自身が必死で取り組まなければならない課題ということになります。


改めての確認にしますが、経営の目的は何でしょうか。

即答で「社員と社員の家族の命を守り切ること」と、言えましたでしょうか。

そのための儲かる仕組みは、会社内でつくられていますか。

そのための経営計画書はありますか。

経営計画書は、儲かる仕組みづくりそのものですから、必ず作ってください。


もちろん私共の事務所も指導できますが、どこに頼むにせよ作成すると決めてください。すでに経営計画書を活用している会社の社長に聞くのも勉強になるはずです。

そこで重要なのは、経営計画書がどのように進んでいるか、その進捗状況をチェックすることです。それが非常に重要です、仏造って魂入れずでは、作っても意味がないからです。

経営計画書の作成等について、第3章で述べていますが、一つ大事なことを言えば、社長のビジョンが必ず必要だということです。

そしてそれを社長自身が作ることです。

この大原則を守らないと、生きた経営計画書になりません。

なぜかと言えば、経営計画書は経営者が心血を注いで作ることが前提になっているからです。社長が、進むべき方向を示さなければ、会社の進むべき方向が分からないばかりか、社員はどう動いたらいいのかが分からなくなるからです。

果たして我が社の経営計画書はどうなのか、しっかりとチェックして健康診断をしましょう。

健康診断4　やる気の土俵づくりはどうか

「儲かる仕組みづくり」を会社向けとすれば、「やる気の土俵づくり」は社員向けです。なぜやる気の土俵づくりが必要かと言えば、いくら社長が立派な経営計画書を作り「儲かる仕組みづくり」を組み立てても、実際に仕事をする社員が会社の目標に向かってやってくれなければ、業績アップは望めないからです。

やる気の土俵づくりは、元気な会社づくりになくてはならない実践項目です。ここで社長として重要な役割は、個人の目標と会社の目標をマッチングさせることです。どういう意味かと言えば、会社は社員の幸せ目標を実現するために存在しているからです。この点は、いくら強調しても強調し過ぎることはないくらい重要です。

会社の目標が、個人の幸せづくりと直結しており、仕事をすることが自分の幸せと会社の存続発展になるわけです。

私共の事務所では、年度初めに社員全員から個人の「幸せ目標」を提出してもらいます。会社の方は経営計画書に基づき今年度の目標が出ているので、個人の幸せ目標が連動するようになっています。

社員は単なる働く一つの駒ではありません。

経営者と社員は、共に幸せ作りに取り組むベストパートナーなのです。

そのやる気の原点は、人様のために役立っているという実感です。

「我が社の社員は、それを感じているだろうか」、冷静に健康診断をしてみましょう。

ここで私の頭をかすめるのは、おそらく「働き方改革」で頭を悩ましている経営者がいるのではないかということです。

私共の事務所では、「働き方改革」ではなく「働き甲斐改革」を推進しています。詳しくは第4章で述べていますが、「働き甲斐改革」は生き甲斐に通じ、人生の充実感に繋がります。ぜひ参考にしていただければと思います。

もし社員が、働かされている感を抱いているとすれば、それは社員にとっても会社にとってもマイナスです。

「働き甲斐改革」で会社の雰囲気は変わります。お勧めです。

健康診断5　お客様も社員も己自身と思えるかどうか

「お客様も社員も己自身と思えるか」、この言葉を初めて目にする人は、何のことだか分からないかもしれません。

私はこの言葉を、何度も、本当に何度も恩師の飯塚毅先生から教えてもらいました。特に経営者は、この自覚が必要です。

どういう意味かと言えば、お客様も社員も他人ではなく自分自身だということです。そんなことできるわけがない、と思ってはいけません。

人というのは、自分のことが可愛い。これは無意識であっても誰もが持つ感情です。

自分のことを大切にするように、お客様のことも社員のことも大事にしなさい。大事にするというのは、お客様に対してはお客様のお役に立つこと、社員に対しては仕事を通じて幸せになってもらうことです。

「己自身」を別の言葉で表現すれば「当事者意識」です。

当事者意識というのは、相手の立場に立つということですから、相手がお客様ならお客様の立場で物事を考えたり接したりするということです。

今までの体験から、発展していない中小企業の経営者は、常に発想が自己中心的です。

社員に対しても、同じような対応になっています。

それでは、経営者失格です。

そうなることに歯止めをかけるのが、「己自身」であったり「当事者意識」であるわけですが、なぜかと言えば、どちらも「利他の心の実践」だからです。

私が中小企業経営者の皆様にお伝えしたいことは、まさに「利他の心の実践」です。

私は、そこに辿《たど》りつくまで55年かかりましたが、なぜ辿りついたかと言えば「利他の心」の大切さを知って実践してきたからこそだと思っています。

「利他の心の実践」は、経営の本質であり、成功の秘訣だと確信しています。

もう少し説明すると、飯塚毅先生から学んだ「自利利他」には「自他不二」（自分と他人とを区別しては見ない）という思想が根底にあるそうです。

不二ですから、経営者にとって、お客様も、社員も「己自身」と見ることができます。見るだけではなく、可愛い社員を「お前は俺だよ」と思うこと。そして大切なお客様を「己自身」だとの思いで仕事に取り組むことで、お客様や社員の喜びが自分の喜びになるわけです。

健康診断6　人財育成はどうか

人財の育成は、経営者であれば誰もが必要であると認識していると思います。

一方で、「うちの社員はなっていない」という話も耳にします。

人財という点で、何が一番重要かと言えば、社員の質を問う前に「社長自身が人財足り得ているか」と、己自身に問うことです。

これが前提にないと、人財育成はできません。

ここをまず、健康診断でしっかりと確認してください。

伸びている会社を訪問すると、社員の皆さんが、明るく元気で挨拶をしてくれます。働かされている感がなく、自分の仕事に誇りと喜びを持っていることが直感で分かります。おそらく働くことの価値感、意味を知っているのでしょう。

そうした社員の姿を見たら、社長は嬉しいに決まっています。同時に、社員の皆さんも幸せだと感じているはずです。

ではどうやって、こういう社員を育てていくかが経営者の課題です。

そこで、参考になると思うことを紹介します。

毎年私共の事務所では、カレンダーを作って顧問先にお届けしています。カレンダーですので、そこに書かれた言葉は短いものばかりです。

私が、これと思う先人の言葉を中心に取り上げているのですが、顧問先から「やる気になります」とか、「元気をもらいます」というお言葉をいただきます。

それで気づいたのですが、その短い言葉がそのまま社員教育の資料になるということです。人財育成の難しさは、時間をとって教育したから大丈夫というわけにはいかないことです。社員の心が動かなければ意味がありません。

その点、格言は先人が体験の中からでた言葉なので、そのまま社員の心に届きます。「これって、どういう意味だろう」と社員に問いながら、言葉を深掘りしていけば、立派な人財育成ができます。

なぜなら、社員自身が考えることでその格言を自分のものにできるからです。

また、他の社員の意見を聞きながら、より自分の考えを広く持つことができるからです。

格言とは、困った時、迷った時、何か疑問に思った時に出合うと、今まで抱いていた悩みや苦しみ、困難や不安などの問題が全て吹っ飛んでしまうと、格言集の本に書いてありました。

人財育成のことを考えていて、「これだ」と思いました。

これなら、我々の手によっても教育ができる。

私共の事務所では、新入社員はじめ幹部の社員教育、経営者教育などを新規の事業として取り組みますので、ぜひお声がけください。

健康診断7　後継者問題はどうか

会社を継続的に存続させるには、後継者問題が必ず生じます。

創業して頑張ってきたけれども、後継者がいないために会社を閉じるしかない。

親から引き継いだ会社なので、なんとか残したいが後継者がいない。

相談をする人がいないので、もう自分を最後に会社を閉じるしかない。

東京商工リサーチの調べ（2019年11月）では、後継者不在の中小企業は55・6%だそうです。

後継者が見つからない創業者で、誰かに社長を引き継いでもらいたいとの気持ちはあっても、いざとなるとなかなか決断ができない話をよく聞きます。

そうした社長のように、後継者を育てる準備が、できないでいる会社は多いと思います。

社員を守るためにも、やはり後継者問題は早めに取り込んでおく必要があります。

会社を存続させる方法として、M&Aがあります。

政府の中小企業改革でも「生産性向上のため優良会社に収斂《しゅうれん》させていくことも重要」として「人材流動化やM&A促進などに支援の重点を移していく」ということになっています。

また、M&Aを促進する税制改正も進んでいます。

私はこれに、安易に乗ってはいけないと考えています。

なぜなら、M&Aが「売った、買った」で終わっている話をよく聞くからです。

売られた側の社員は、どんな気持ちでしょうか。

企業経営で大事なのは、社員が働き甲斐をもって仕事ができることです。

それで私は、会社がそのまま継続される人格承継を勧めています。

後継者がいない中小企業に、我々が後継者を育成派遣し、最終的には経営者となって事業を承継してもらうやり方です。

後継者を紹介してもらえるというのは、後継者のいない経営者にとっては、どれほど嬉しく有り難いことか。中小企業の経営者と話をして、それを実感しています。

中小企業の経営者の皆様、M&Aの話が出たら私共の事務所にご相談ください。

なにせ政府の中小企業改革で、200万社の中小企業が淘汰されるという恐ろしい時代です。それに巻き込まれないように、しっかり手を打っていきましょう。

健康診断8　危機管理企業防衛超リスマネ対策はどうか

危機管理が非常に大事な時代になりました。

いつ見舞われるかわからない天変地変による災害。

最近は、地震、台風、水害、竜巻など、人の命を簡単に奪ってしまうことが起きています。

新型コロナもその一つということができます。

会社経営でも、いつ危機がやってくるか分かりません。

受け取っていた手形が不渡りになった……、信用していたお客に裏切られた……、事故が起きてしまった……、幹部が突然辞めてしまった……、はたまた経営者が突然倒れてしまったというのもあります。


極端な言い方をすれば、私達はいつ起こるか分からない危機の中で生きていることになります。

それで何が一番の問題かと言えば、危機があるのにそれを危機と感じないことです。

国家もそうです。

事業もそうです。

社会も家庭も危機感のないほど怖い危機はないのです。

一歩先で、何が起るか分からない危機に、備えをしているでしょうか。


経営の実態を知るというのは、まさにリスクチェックです。

知るからこそ手が打てるのです。


社長や社員の生命保険や災害保険などがどうなっているか。相続が争続にならないように手は打ってあるか。就業規則は最近の法に適っているものになっているかなど、考えられるリスクをリストアップしてぜひリスクの健康診断をしてみてください。

経営の良き相談相手にもう一人を加える気はないか

経営者としてやるべきこと、経営者の責任などを述べてきましたが、こうしてみると経営者のやることは本当に多いというのが分かります。

しかも経営者しかできない役割があり、何かあれば最後に責任を負わなければならないわけですから、本当に経営者は一瞬も気を抜くことができません。

別な言い方をすれば、経営とは経営者としての人間修業です。

自分の成長によって、人脈も視野も広がっていきます。

自分一人ではできないことを、社員を含めていろんな人の協力を得て実現できます。

会社を優良会社にすることで、さらに国家社会に貢献できます。

自分の頑張りで、より大きな夢に挑戦できます。

一方で経営者は孤独だと言われます。

経営はいろんな人の協力で成り立っているので、経営者の周りには信頼できる人がいるはずです。それなのに、なぜ孤独なのでしょうか。

経営者同士は仲間であっても、自分の会社の経営は自分がやるしかありません。会社の運命を決める決断を、日々一人でやらなければならないからです。

当然その決断は、会社のためになるとの思いで下されるわけですが、失敗すれば命取りになります。

その緊張感と不安から、孤独になる気持ちは私にもよくわかります。

コロナ禍の中では、「もうだめだ」という諦めの思いもあるかもしれません。


そういう経営者に、経営の良き相談相手がいたらどうでしょうか。

嬉しいはずです。

勇気が湧いてくるはずです。

希望が膨らむはずです。


そこで私から一つ提案があります。

心から信頼できる相談相手に、経営指導型の会計事務所の先生をぜひ加えて欲しいのです。

あなたの会社の経営実態をよく知った上で、社長であるあなたの考えを入れ込んだ経営計画書の作成を指導し、利益計画、販売計画、設備計画、要員計画、資金運用計画、経営改善計画など、数字を示しながら相談に乗ってくれるからです。

それによって赤字体質の会社は、間違いなく黒字体質の会社に変わります。

それだけに留まりません。

会社を赤字にしない。会社を潰さない、優良会社に導いてくれます。
間違いなく、経営者の強い味方になってくれます。

アメリカの「鉄鋼王」アンドリュー・カーネギーの墓碑銘に「己より賢い人物を自分の周りにおく方法を知り得た者ここに眠る」と書いてあるそうです。
どういう人物を味方にするか、ぜひ考えてみてください。

「創業当時の心意気を取り戻そうではないか!!」と叫びたい

会社には創業期があります。
途中で社長を引き継いだ経営者も、自分にとっての最初はあったはずです。
創業の時、何を考え、どうやってきたかを思い出してみましょう。
今より、何もかも「ないないづくし」だったと思います。
それでも頑張ることができた。
なぜでしょうか。

それはお客様がいたからではないですか。

もちろん、満足いく数ではなかったかもしれません。
でも、お客様がいたから創業ができ、それが励みになっていたはずです。
その時の思いを、忘れてはいないでしょうか。
必死で頑張った創業時のように、社長自身がお客様に向き合っているでしょうか。
ついつい、社長のやるべき仕事を部下に任せてしまってはいないでしょうか。

例えば顧客の創造を、営業マン任せになっていませんか。
社長の一回の顧客訪問は、営業マンの１００回に値します。
社長が顧客を創造し、営業部長はそれを担当する。
創業時の社長は、ひたすら顧客の創造をやっていたはずです。
資金繰りも同じです。
資金繰りを担当者に任せてはいけない。
それで失敗した会社を私は見ています。
これも創業時は、社長がやっていたはずです。

その創業時の頑張りがあって今があり、それが今の会社の基盤になっているわけです。
それは、どういうことかと言うと、経営の本質を社長がしっかりと知った上で実践してきた単なる結果が今なのです。

本文で詳しく述べていますが、経営とは、繰り返しになりますが、

販売なくして事業なし!!
事業は人なり組織なり!!
資金繰りあって経営あり!!　の実践です。

私は叫びたい。
中小企業の経営者よ、創業当時の心意気を忘れるな!!
創業当時の心意気を取り戻そう!!　と。

第2章　ＴＫＣ創設者飯塚毅先生に学ぶ経営の本質を知ろう!!

経営の本質を知ることで中小企業の社長の役割が明確になる

第1章で、経営の責任は全て経営者にあると述べました。会社を良くするのも、悪くするのも社長次第ということです。

そういう視点で自分の経営を観察すると、改善すべきことが見えてきます。

その際、何を基準にして自分を観察するのかが重要です。

それはなんと言っても経営の本質です。経営の本質を知ることで、経営者の役割が明確に見えてくるからです。

かく言う私は、最初に税理士事務所で仕事をしている時も、56年前に税理士試験に合格し、その後税理士事務所を開設してからも、経営の本質を考えることは、頭の片隅にもありませんでした。

そんな私を変えてくれたのは、TKC創設者の飯塚毅先生です。

記帳代行が当たり前の時代でした。

今（令和3年）から51年前にTKC会員となり、税理士としてのあり方はもちろん、全てにおいて飯塚先生の教えを自分のものにしようと、徹底して学んで真似て実践してきました。

その根本になる教えが、経営の本質です。

「本質」を辞書で調べると「その事物・人物の内部に備わっている根本的な性質や本性」「その事物を他の事物とは異なる当の事物として成り立たせている、その事物に固有の存在をいう」というのがありました。

私はこれを「それを成り立たせている根本的なもの」と捉えています。

これを経営の本質に当てはめれば、「経営を成り立たせている根本的なものは何か」ということになります。

だから経営の本質を知ることで、社長としてどう経営に当たったらよいかが分かるということになるわけです。

私は飯塚先生から直接ご指導いただきながら、飯塚毅先生の講演テープ「経営の本質」を何十回となく聞きました。

それは今から48年前の録音ですが、今回改めて聞いてみて、中小企業の経営者にとって重要なことばかりで、時代が変わってもその基本は全く変わっていません。

私は、経営の本質を知って、学んで、真似て、実践してきて本当に良かったと思っています。

経営の本質を知れば、間違いなく社長としての意識が変わります。

飯塚先生の講演内容を、紹介したいと思います。

経営の本質を問う前にまず経営者の生き方を問う

経営の本質とは、いったい何だろう？

と、飯塚先生は問いかけます。

あなたは経営者として、経営の本質を真剣に考えたことはあるでしょうか。

もちろん経営者である以上は、考えていると思います。

また日頃の繁忙の中で、考える時間が持てない経営者もおられるかもしれません。

たとえそうであっても「経営の本質」という言葉に、何か経営者として引き付けられる魅力があると思いませんか。

なぜだろうと考えてみると、「経営の本質」を知ることで、経営に関して大事なことを学べるように感じるからではないでしょうか。

これは、私の実感でもあります。

飯塚先生の講演で、最初に出てくる話は経営についてではありません。

経営を行うに当たって、大前提があると言うのです。それが次の2点です。

その1点目は、人生の一回性、人生は一回しかない。ということです。

言葉で表現すれば「一回しかない人生だから、人生を大切に生きなければならない」となりますが、先生は22歳の時に哲学書『哲学入門』の中にあった「人生って何だ、人生ってただ一度なるものである」を知り一晩中泣き濡れたというのです。

それは、執行日が分からない死刑囚と同じであるとも言われています。

これをどのように受け止めるかは、人によって違うでしょう。しかしその受け止め方によって、それぞれの人生が大きく分かれることは間違いありません。

そして2番目は、多忙の中で暮らし、ただ一度しかない人生を削り捨ててはいないだろうか、命を縮めてはいないだろうかというのです。

確かに人は、朝からこれもしなきゃ、あれもしなきゃと日常生活の多様性に埋没し暮らしているのが現実です。

すなわち先生は――人生の一回性、そして多様性の中で暮らす者として――「いま自分は経営者として事業を営んでいるけれども、はて、経営の本質とは何かを立ち止まって考えることは、人生を大切に思う人の、大切な態度ではなかろうか」と話されています。

この「人生を大切に思う人」の部分が特に私は重要だと思っています。結論から言えば、経営は経営者の情熱、使命感、考え方などの人生観が反映されるからです。

経営の本質を問う前に、経営者の人生そのものを問わなければならないという重要な大前提があると先生は指摘されているわけです。

経営の本質を知るための経営４つの特徴

さて、本論の「経営の本質」を知るには、経営とは何かを知らなければなりません。先生は「これは私見ですけれども」との断りを入れてから４つの特徴を挙げています。

１番目。それは、固定性のある仕組みによる人間の活動である。固定性のあるとは、昨日と今日は変わらないということ。会社でも個人企業でも、そういう企業形態に立てこもる人間の活動である。

２番目。それは、財貨またはサービスによって自利利他を実現するための人間の活動である。財貨とは商品のことです。サービスとは商品以外のことです。それらの供給によって、自利利他を実現するための人間の活動である。ここで大事なことは、自利だけを実現するということではないことです。

自利利他とは、自分も助かるけど相手も助かるということです。

経営の目的として、何かしら社会のお役に立つという願いがなければならない。ここが重要な点です。

3番目。それは、自らの存続と発展を内包する社会的存在である。

経営とは、昨日はあったけど、今日はないとなったら困る。やっぱり経営というのは自らが存続しなければならない。そして単に続いているだけではなくて発展しなければならない。

経営とは、存続と発展を己の中に抱え込んでいる。そういう社会的存在だということです。

4番目。それは、主体性のある努力の品質と社会経済の条件変化によって栄枯盛衰が必然化する人間の営みである。

主体性というのは、主人公のことです。経営者のことを経営主体といいます。

経営者は、経営の主人公ですから、一国一城の主です。

その一国一城の主である経営者が、主人公として努力して品質の向上を図る。これは非常に重要であるが、どんなに努力しても心掛けても、社会経済の条件変化があることを見ていなければ経営は覚束《おぼつか》なくなるということです。

――ここでお気づきと思いますが、4つとも、人間の活動、営みだということです。ということは、経営者の生き方に繋がっていることになります。

では、経営者の生き方と経営がどう結びつくのでしょうか。

経営の本質とは会社を存続発展し続ける経営者の人生そのものである

実際の経営は、前項の1から4までを具体的に営むことです。

1から4までを私なりにまとめてみると、経営とは、自分が選んだ企業形態で、社会のお役に立ちながら、栄枯盛衰が必然化する経済社会の中で、存続と発展を内包する社会的存在であり続けるということになります。

簡単に言えば「会社を存続発展させる」となります。

逆に言えば、「会社を存続発展させる」ために1から4までがあるわけです。

経営は現実です。

結果は数字に出てきます。

会社が存続する限り、1から4までの営みは続きます。

ということは、「会社を存続発展させる」ことが経営の本質と言えます。

では誰が「会社を存続発展させる」営みをするかと言えば、それは経営者以外にはおりません。

ということは、経営の本質を突き詰めていけば、経営者の人生そのものと断言できます。

経営者の使命感、経営者としての情熱、責任感を持って断固やり抜くという強い気持ちが経営に現れてくるからです。

これまで何度となく「経営の全責任は経営者にあり」と言ってきましたが、このことを分かって欲しいと思って繰り返してきたわけです。

もちろん、経営の全責任は経営者にありと言っても、経営者一人で経営が成り立つわけではありません。

社員、お客様、取引業者様、その他それに関係する人達によって支えられています。

それでもなお、私は言いたいのです。

経営者である社長が、本気にならなければ会社は良くならない、と。

飯塚先生の言葉に触れると、そのことが良くわかってきます。

経営者の意思決定と成功する人が備えている4つの条件

――成功する人が備えている4つの条件について、飯塚先生のお話しです。

アメリカ、イリノイ大学のジョーンズ教授（経営学）の著で『エグゼクティブメーキング』があります。執行機関の意思決定の仕方を書いたものです。

経営者は会社を経営しているので執行機関であり、正しい意思決定が求められます。

その本の中に、どういう会社、どういう事業体であっても、必ず成功する人と、いくら努力しても失敗ばかりやる人がいると書いてあります。

そして、必ず成功する人は４つの条件を備えていると言うんですね。

第１の条件

自分の仲間の顔を見た時に、その瞬間、額の後ろに何があるか直感でわかること。

物質文明の世界のチャンピオンであると思われているアメリカの経営学の教授が、こういうことを言っている。驚きますね。

第２の条件

あなたはモノを考えるときに、自己中心から離れて発想できるか。

これが成功の条件の２番目に挙がっています。つまり自己中心の考えから抜けでられるかということです。

第３の条件

人々に方向を与えられるか。

万巻の書を読むのとは関係ない。本当の成功の原理は、人々の集団、人々の集まりに対して、正しい方向、方向性を与えられるかどうかと書いてあります。

つまり、こっちに行くんだ、こっちだ。右か左に行く場合、こっちに行くんだという方向を間違いなく示せるかどうかということです。

人々に方向を示す力を持っているかどうか。それが成功の第3の条件だというのです。

第4の条件

イエスとノーをきっぱりと言えるかどうか。

話を聞いていると、果たしてこの人は、イエスなのか、ノーなのかと思わせる人がいらっしゃいます。

ことを為す人は、イエスとノーをきっぱりと言える人なんですね。

私共のような者は、とてもジョーンズ博士のようにはなれませんけれども、お互い人生はそう長くない訳ですから、この4つの条件を噛みしめてみようではありませんか。

経営者が必ず備えていなければならない組織を導く腕力シップ●●●●●

前項の第3の条件で、人々の集団、組織に正しい方向を与えられるかが、成功する人が備えている条件として挙げられています。その説明の時に先生は、ドイツの天才的哲学者と言われているニーチェの言葉を紹介しています。

それは、ニーチェの著『人間的、あまりに人間的』の中にある言葉です。

「人々に進むべき方向を与える力を持っていること。これが人間社会における最も偉大なるものである」

偉大とは、進むべき方向を与えることだと。

私は、このことの重大性を飯塚先生から何度も教えていただきました。

指導者に求められる条件として、よくリーダーシップが必要だと言われます。しかし先生はシップには三つあるというのです。

一つ目は、ヘッドシップです。

まず頭、専門的知識がなければ指導はできません。これは誰にも理解できると思います。

二つ目は、リーダーシップです。

これも説明の必要はないくらい、良く言われることで、和を為してコトに当たるポイントを知っていることです。

ヘッドシップとリーダーシップの2つは、組織をまとめるに当たって、なくてはならない大事なシップです。

しかし、それだけでは組織は正常に動きません。

ここが組織運営で非常に大事なところです。では、何が必要でしょうか。

それが三つ目のシップ、腕力シップです。

よくあることですが、人というのは頭で理解したとしても、それがなかなか実践できないものです。経営者なら、そういう体験をしているはずです。

経営方針がどんなに立派でも、それを実現するために組織が動かなければ絵に画いた餅になってしまいます。

そうならないためには、経営者自身が力強く「こっちに行くんだ」という方向を示す必要があります。その力が腕力シップです。

腕力と言っても、力づくということではありません。

「こっちに行くんだ」

「正しい方向は、こっちだ」

と、経営者の情熱と信念をもって、きちんと言い切れること。これが腕力シップです。

最初は、社員からなんと厳しい、なんて面倒なことをと受け止められたとしても、続けてやってください。ここで経営者が引き下がってはなりません。

私は飯塚先生から何度も「指導者足れ」と教わりました。指導者足らんとするには、方向性を示さなければならない。それが、腕力シップなのです。

いつも腕力シップを持って経営に当たらないと、御用聞き商人になってしまい顧客の創造はできません。そういう社長が結構います。

当然、ビジョン経営もできません。

ヘッドシップ、リーダーシップ、そして腕力シップがあってこそ組織を引っ張っていくことができるのです。

未来創造、未来経営は、まさに社長の情熱ある腕力シップがあってこそ実現できるのです。

経営管理能力と問題発見能力を高めるには直感力を養うこと

「ここで皆さんに申し上げたいことがあります」と言われて飯塚先生は、経営管理能力と問題発見能力の話をされています。

問題発見能力とは「自分の会社には、今ここに危険点があった」「ここに命取りになる点が、今芽生えつつあった」など、こうした問題を極めて滑らかにひょいひょいと発見する能力のことです。

これは、経営者にとって最も大切な能力です。

よーく見てください。破産する会社の社長は、「まさか、こういうことが起こるとは思わなかった」と、みんなそう言います。

つまり問題発見能力が貧困だったということなのです。

だから経営者が、会社を存続させ発展させるためには、経営管理能力と問題発見能力が重要だということです。

その問題発見能力を磨くには、直感を磨くしかないということです。

では、どうやって直観力を養うことができるのか。

また、経済の社会変化によって栄枯盛衰が必然化する中にあって、会社が存続発展し続けるためには経営者に危機予知能力が必要です。

本来、人間にも危険予知能力が備わっているそうですが、日々雑念に明け暮れているためにだんだんとそれを失ってきている。では、どうすれば危険予知能力を養うことができるのか。

そして経営は、財貨またはサービスによって自利利他を実現するための人間の活動であるのに、どうも一般の中小企業の経営者は、このことが分かっていない。自分の立場で売り場の提供で終わっている。

お客様から「それには気がつかなかった」と言われるくらいの財貨またはサービスでなければならない。そのためには、経営者に先見性と創造性が必要です。

商品開発、サービス向上に先見性と創造性を叩き込むのです。

では、どうすれば先見性と創造性を養うことができるのか。

さらに、成功する人が備えている4つの条件で、「人に会った時に、この人の額《ひたい》の後ろに何があるか直感的に分かること」とありますが、どうすれば直感力を養うことができるのか。

先生は、ご自分の実践的体験から、それは瞑想することですと力説されています。

直感力、各種能力を養う瞑想　原価は一円もかからない

瞑想する場合に大切なことは、自分の心の中にチリほどのゴミもない、チリほどの邪魔物もない、全くの無念無想になること。そういう状態をつくれるようになればいい。

つまり、本当に無念無想になる訓練をちゃんと積んで参りますと、きちんとそういう能力が身に付いてくるのです。

鉛筆でもペンでもいい、なんでもいいから睨《にら》んでみる。睨んだ時に自分の額の奥がシーンと静まりゆくのが分かる。

そのシーンと静まりゆく状態、それこそがあなたの本当の心、それを無心というのです。

それを仏教では仏という。無心はすなわち仏です。

仏と共に、無心と共に、日常の経営活動の中で宝鏡三昧となる状態までもってくる。

私が瞑想すると、家内が「あなたは、また考え事してんの」と私を責めますが、私は、考え事はしていない。

頭の中を真空状態にする。それは、心の中から一切の雑念、邪魔物を拭い去るということです。

すると、まるで心がさーっと鏡のようになるので、全てのものが鏡にちゃんと写ってくるようになります。

それが直感力や経営者に必要な能力を養うということなのです。

ものを考える時には、書斎にこもって集中的に考える。

ぐーんと考えて考え抜く。

結論が出たら、さっと紙に書く。

書いたら、さっと頭の中を空っぽにする。

そこが重要なポイントです。

結論を出しながら、こうがいいとか、どうすればいいとかと雑念妄想を楽しんでいる方がおられる。本当に伸びる人というのは、瞑想をして頭の中を空っぽにできる人です。

ここで大脳の話。現代医学で分かっていることは、人間の大脳の細胞は８４０億個あり、だいたい普通の人は2.5％しか使っていない。

天下の大秀才と言われる人は、だいたい2.9％を使っているだけで、あとの細胞を使わないまま死んでいくそうです。

大脳の能力をどんどん開発していくと、危険の予知能力とか、驚くべき記憶力とか、洞察能力が身に付くというのです。

つまり無念無想を本当に本格的に鍛錬すると、素晴らしい洞察能力、記憶力、決断力などが、自由自在に身につくようになるのです。

ここで注目して欲しいのは、瞑想はいくらやっても原価は一円もかからないことです。本当に企業で成功するためには、実は原価は一円もかからない方法があるという点を重くみていただきたい。そこをお忘れないように願いたい。

いま瞑想の言葉を話して、思い出しました。

ナポレオンの遺言です。ナポレオンは戦いに敗れ、まさに息を引き取ろうとした時に「息子よ、瞑想の生活を持ってくれ」と一言だけ言って亡くなるわけです。

日常、忙しく動いているだろうけれども、俺は戦いばかりで戦場にいただけであったが、しかし時々立ち止まって瞑想の機会を持て。何ものにも惑わされずに、静かに我が人生を考え、静かに経営を考える瞑想の時間を持ってくれよ。

これが、あの偉大なナポレオンの遺言だったのですね。

学生の私は感激しました。

ああ、全てを失い無一文になって死んでいく時に、最後に言った言葉がこれですよ。

我が子孫に残す千万金にも値する言葉が「瞑想の生活を持ってくれ」だったのか。多くの人が忘れがちなことだなあと思った次第です。

「その鳥を追うな」風向きを見る　先を見る力こそ必要

――もう少し飯塚先生の話を続けます。リコーの創設者、市村清さんの講演から学んだ話です。

講演のテーマは「その鳥を追うな」でした。

なぜ市村清さんが大企業になったのかの秘訣を話された。

小さな頃、お父さんに連れられて山に小鳥を捕りに行ったことがある。

お父さんから鳥モチを付けた長い竿を渡された。

お父さんは次から次へと鳥を捕る。

市村清さんは一日山を駆け巡っても一羽も捕まえられなかった。

「なんでお父さんは、そんなに多く捕れるの」と聞いた。

「お前は間違っている。お前は鳥を狙っているだろう」

あの鳥、この風向きならこっちにくる。木立の揺れ具合、風の方向で、鳥はこう逃げる。だからその先に竿を持って行くというんですね。

実は私も、父親から同じ話を聞いていた。

しかし私の父は祖父に、どうやって捕れるかは聞かなかった。

その答えが、何十年も経って市村清さんの講演で分かったのです。

多くの経営者は、これが儲かるとなると、儲かるところに狙っていく。
したがって思うように儲からない。
国民経済の風向きがこうなんで、こうなるという先を見る力が必要です。
そのためには、総合的判断力と直観力が必要なのです。

利他に徹すると経営は無限に発展する

——本書で度々出て来る自利利他の話です。
自利利他の実現を本気で考えているかと、経営者に問いたい。
多くの経営者は、何とか儲けよう、儲けようと考えている人が多いようです。
自利とは利他をいう。本当の自分の利益である自利とは、利他をいうのです。
今から約1200年前、比叡山を開いた天台宗の開祖・伝教大師が言った言葉です。
「自利とは利他をいう」、よくも喝破したものです。
本当の自利すなわち自分の利益とは、利他をいうということです。
最澄という伝教大師は、利他に徹すると割り切ったのです。
徹底して人様のために、そこに割り切っていくことで初めて自利が返ってくるのです。

有名なアメリカの財閥モルガンが言っています。

この話は、私の学生時代の恩師グリックス先生から聞きました。

モルガンは二十歳《はたち》の頃、香港にいたことがあり、貧しいタバコ屋をやっていました。その頃は、とても貧乏でした。

日本人には馴染みがない、噛みタバコを売っていたのですが、ある時、モルガン青年の所に貧乏たらしい女性が一本買いに来たというのです。

1セントとか、2セントでしょう。

彼はその時に、実に優しく、この人以外からは一生涯買わないと思わせるほどの素晴らしい親切と快適さで売ったというのです。

どんな言葉を言ったかは分かりませんが、決してお世辞ではなかったはずです。

よほど快適な気持ちのいい現わし方をしたと思います。

まさに、利他に専念したのです。

何を教えているか。対応一つで運命が変わるほどの大きな影響があるということです。


この時、グリックス教授は「この人以外には買わないと思わせるほどの対応をしても、原価は一円もかからないんだよ」と我々学生に教えてくれました。

お客様に、将来の選択をさせるほどの快適さを与える。

その対応一つで将来が決定するのです。

日本でも「ちりも積もれば山となる」とか、「一円を笑う者は一円で泣く」とかがありますけれども、実在する世界で大富豪がそれを教えてくれています。

なるほど、成功する人は若い時の心構えが違うのだと、しみじみ思った次第です。

経営者も同行二人、本当の自分と一緒に経営に従事している

四国のお遍路さんは笠をかぶっています。その裏には「同行二人《どうぎょうににん》」と書いてあるそうです。お前一人で行くのではないぞ、実はもう一人、目には見えないがもう一人いる。

そのことを考えようということです。

結局、人間というのは、己一人で頑張っているように思うけれども、そうではない。常に同行二人なんだ。この五体の自分と、もう一人、本来の己自身が一緒にいるというのです。

本来の自分とは、真の自己というものです。それは青年時代の釈迦が、自己同一性、つまり一週間前の己と、一週間後の己とは同一であるためには、どこに己がいるのか。

自己同一性という角度から眺めた時に、どこに本当の己がいるのか。

釈迦はそれを追究し、追究し続けた結果、とうとう悟ったのです。

悟ったというのは、自分の心の中にもう一つ心がある。

それを無心という。

それは仏というものである。

実際我々は、常に一人でいるようだけれども、常に仏と一緒にいるということです。

人間の無心というのは、己自身が実は偉大なる宇宙の生命の現われであり、それは仏そのものなんだ。だからお遍路さんよ、杖をついて48か所巡りで歩いているけれども、実はあなた一人で歩いていると思ったら大間違いだよ。

昔から、1000年も前から同行二人という笠をかぶっていたじゃないか。

実はあなたはもう一人、本当の自分というものを抱えて歩いている。

我々経営者も同行二人、肉体の己の他にもう一人、本当の自分、仏の自分自身と一緒に経営に従事している。もしそのことに思いが至るならば、自利利他の意味が本当に、よーく分かってきます。

本当の自分にパッと目を見開き、本当の自分に帰依《きえ》する形で生活していくのです。

このことは商売にとって縁がないようではあるけれど、とんでもない。実は一番重大な決め手になることなのです。

――「同行二人」、深い意味がありますね。「商売にとって縁がないようではあるけれど、実は一番重大な決め手になる」というのは、経営者として心しなければならないことだと思います。

以上が飯塚先生の講演テープ「経営の本質」の主な内容です。いかがでしたでしょうか。

直接聞いていただくと飯塚先生の熱い思いを感じていただけます。

現在、飯塚先生の講演「経営の本質」は、飯塚毅講演集⑩（ＴＫＣ出版）に収録されております。

第3章

今こそ未来経営、即ちビジョン経営が必要不可欠な時であると発心決心しよう!!

コロナ禍経済は単なる不景気ではない　倒産の嵐がやってくる

コロナ禍の中、先が見えないだけに将来への不安が日々募ります。中小企業の経営者は、なんとかやりくりしながら、まさに毎日が闘いだと思います。

コロナによる中小企業の倒産は、当初3割と予想されていました。しかし感染拡大が5波、6波と続き、さらには7波まであるとの予測もあり、5割も倒産するとの見方も出ています。

私も一人の中小企業の経営者として、非常に危機感を持っています。

日本の経済は平成に入ってバブル景気が崩壊し、失われた20年とか30年と言われています。その間にリーマンショックもあり、ＧＤＰはほぼ横ばいの低迷が続いています。

また日本は、少子高齢化で経済活動を支える生産人口も減少する一方で、高齢化による介護関係の仕事は増えるものの、国全体の医療費は増大し、国家予算を圧迫しています。

そうした経済、財政、政局の中で、襲ってきたのが新型コロナです。

すでに経済悪化の影響は国全体に及び、中小企業はまさに「死ぬか生きるか」の状態の中にあります。

それに輪をかけているのが、前にも述べた日本政府が推進している中小企業対策です。政府の言い方は「成長戦略」です。成長と聞くと、何か中小企業を守る政策のように聞こえますが、目指すところは生産性の上がらない中小企業を統合整理し、半減となる２００万社を淘汰するというものです。それに向かって政府は、Ｍ＆Ａなどを促進する具体策な税制改革を行っています。

そうした中で私が最も気になるのが、７割とも８割とも言われる中小企業の赤字です。その現実を考えると、恐ろしいことですが間違いなく倒産の嵐がやってきます。


社員を路頭に迷わせないためにも、その嵐に断じて飲み込まれてはならない。

私は中小企業の経営者として、そう決意し業務に当たっていますが、あなたはどうでしょうか。

社員と社員の家族の命を守るためにも、何としてもこの難局を乗り超え、会社を守り続けなければなりません。

そのためには、会社を黒字化し、体力ある強い会社にしなければなりません。

その決意を実践断行するチャンスにせよと、新型コロナは警告していると私は受け止めています。


どんな場合でも経営者は、経営に消極的であってはなりません。

そうでないと会社全体が暗くなり、会社が益々悪化するからです。

先が見えない新型コロナ禍の時代だからこそ、風評被害も含め足を引っ張られるマイナスを吹っ切るために、積極経営、ワンマン経営の徹底が必要不可欠です。

それをやるのが社長、あなたです。

いや、それは社長にしかできない役割であり、使命なのです。

そもそも未来事業経営（ビジョン経営）とは何なのか

積極経営、ワンマン経営は、読んで字のごとく社長が積極的に経営を行うことです。

未来事業経営、ビジョン経営は、積極経営の典型です。

ビジョン経営を簡単に言えば、我が社のあるべき未来像を描いて、それを実現する経営計画を社長自身が立て、全社一丸となって取り組む経営のことです。未来のビジョンが先にあり、それを実現するためにいま何をするのかを計画するのです。

ですから絶対に欠かせないのが、社長が描く会社のあるべき未来の姿・ビジョンです。

この話を経営者にすると、中には「話は分かるけど、先が見えないので、未来像など描けない。未来が分かれば苦労しない」と苦悩の声を漏らす社長がいます。

おっしゃる通りかもしれません。

では聞きます。

「今のままで、あなたの会社は経営を続け、社員と社員の家族を守っていけますか」と。できません。

なぜなら、今は時代が大きく変わっているからです。

先が見えないと言う社長は、環境対応型経営をしてきた人です。

環境対応業に甘んじてきた、社長の実態を示す言葉なのです。

経営というのは、安定した時代は社長の力はあまり問われませんが、先が見えない時代は社長が積極経営、ワンマン経営するしかありません。

これを理解する経営者が意外と少ないのが現実です。

ワンマン経営というと、世間一般ではあまり評価されませんが、その意味は社長が全責任をもって経営に当たるということです。

経営に全責任を持つのはただ一人（ワンマン）、それは社長であり、その覚悟で経営を行うのがワンマン経営なのです。

もしあなたが環境対応型の経営者であるならば、それから脱皮して新しい経営者に生まれ変わる必要があります。

なぜか。

環境対応型の経営者は、ワンマン経営はできないからです。

もちろん、経済が右肩上がりの時には、環境対応型でも会社は経営できます。しかも社員からは、意見をよく聞いてくれる話の分かる社長と評価されます。

しかしそれは、経営が厳しい時代では成り立ちません。

なぜかと言えば、環境対応型は経営者不在だからです。不在というのは、社長が為すべきことをせず、本来果たすべき社長業から逃げていることになるからです。

未来事業経営、ビジョン経営で最も重要なのは、経営者である社長が「断固、会社を守り抜くと決意して、具体的な経営ビジョンを描けるかどうか」です。

すなわち、ワンマン経営ができるかどうかにかかっているのです。

私は強く訴えたい。

会社を良くするのも悪くするのも社長次第。

悪い会社があるのではなく、ダメな社長がいるだけだと。

経営計画は社長が取り組むビジョン経営の見える化なり

今、会社を良くするのも悪くするのも社長次第であると述べました。

ビジョン経営に当たって、重要なことがあります。

それは、社長としての志、理念、夢、ロマンがありますか、ということです。

もちろん経営者ですから、あると思います。

あれば当然、会社をこうしたいというビジョンがあるはずです。


ところが、新型コロナ禍の中、未来を描けないという。

どうして描けないのでしょうか。

経済が落ち込む実態に心を奪われて、もう自分には打つ手がないと自己限定してしまうからではないでしょうか。

社長としての志を見失ってしまうからではないでしょうか。

そうした環境に負けない、「会社をこうしたい」という強い思いがあれば必ずビジョンは描けるはずです。


まず社長として、自分の志や理念、夢やロマンを確認して「会社をこうしたい」という未来ビジョンを描いてください。

社員を幸せにしたい、社員を己自身だと思って、会社の未来像を描けるまで考えに考え続けるのです。

頼もしい社長に変身するのです。

ビジョンが描けたら次にやることは経営計画書の作成です。

経営計画は、会社を存続発展させて行くために、どうしても必要なものです。

なぜなら、社長のビジョンを実現するための行動計画だからです。

ビジョンが具体的な目標、数字になって示されます。

それがビジョン経営の見える化です。

見える化によって、社員が社長の思いを理解できるわけです。


新型コロナ禍で先が見えない中、うちの社長は将来ビジョンを示してくれた、となれば社員に希望を与えます。

人の心理は、いま苦しくとも未来が見えてくると、頑張ろうとやる気が生まれるものです。

それが経営計画書で可能になるのです。

さらに見える化で、業績を数字で見ることができます。

結果も共有できることが、大事なポイントです。

正しい者が報われる。正しく評価することで社員のやる気も高まるからです。


社長にアドバイス。

経営計画を立てるに当たってどうすれば良いか。

私は、「不撓不屈」の我がプロ人生60年で「学んで、真似て、実践」してきた体験から「夢多きビジョンを描き、悲観的に計画し楽観的に行動する!!」ことを実践してきました。

多くの中小企業の経営者と接してきて、楽観的に経営計画を立てて、悲観的に行動をしている社長が結構いることを承知しています。

それでは経営計画書作成の意味が、なくなってしまいます。

これは経営計画を立てる上で、とても重要です。

不況の時こそビジョン経営が必要でありそれを主導するのは社長である

私は、今でこそ皆さんに経営計画を立てることを積極的に進めていますが、最初の頃は経営計画書作成を間違って理解していました。

それを教えてくれたのが、一倉定先生です。

一倉先生の勉強会で、私は経営計画の重要さを徹底して学びました。

ある勉強会で、私は「我々会計業界では、実現可能な経営計画を立てるのが現実的であると思って取り組んでいます」と言ったら、「この大バカ者」と物凄い勢いで皆の前で叱られました。

皆の前で「大バカ者」すよ。

そういう先生は、他にはなかなかいないと思います。

なんで叱られたのか、私は分からなかったので「なんでですか」と聞きました。

「実現可能ならば、経営計画を立てなくても結果は同じでしょ。実現可能な数字が出たというのは、それは実績と言うものです。計画と実績は違うよ」、という返答でした。

そうか、実現可能な経営計画というのは全て実績なんだ。計画ではないんだ。

と思っていたら、先生は続けて「それが本当の計画倒れ経営なんだ」と言われました。

その言葉で目が覚めました。

実現可能な経営計画を立てていては、会社経営は継続できない。まして発展はできないと分かったのです。

今でも、経営計画を立てるのに「実現可能な経営計画を作っています」という中小企業の経営者はいます。

実現可能な経営計画なら、実現が可能な訳ですから計画を立てる必要はなくなります。立てても、無駄になります。

経営計画の意味が分かれば、不況で先が見えない時だからこそ必要だということが分かります。なのに、先が見えないから計画を立てても意味がないという経営者は、いままで将来を見据えた経営計画を立てたことがない人です。

その理由は、前にも述べた環境対応型の経営をしてきたからです。

環境対応型というのは、景気の状況に合わせて経営をしていくことなので、経済が右肩上がりのときにはやって行けます。

しかし今は、右肩上がりではありません。しかも現在は新型コロナ禍の中にあり、中小企業の200万社が淘汰される時代です。

だからこそ、計画経営、ビジョン経営が必要であり、経営者がそれに向けて力を発揮するときなのです。


未来ビジョンを描けるのは、事業に夢を持って取り組んでいる社長であり、社会に貢献したいと、強い願いを持っている社長であり、社員と社員の家族の命を守る社長であり、その先頭に立って行動、実践する社長です。

もうお分かりだと思います。

未来ビジョンは、経営者が責任をもって描くものです。

会社経営は世の中の人達に、夢と希望とロマンを与え続ける仕事です。

それが事業経営の本質です。

自分の意思が、ビジョンが、志がどこにあるかを確認して、そこに行き着くためのプランを立てていく。それがビジョン経営ということです。

社長が本気で心を入れ替えなければ経営計画の成果は上がらない

ビジョン経営は、社長の意思、志、理念、本気さがなければ、たとえビジョンを描いたとしても成果は上がりません。

そのことで、一倉先生の興味深い話がありますので紹介します。

ある中小企業の経営者が、一倉先生に経営指導を依頼しました。

指導日、一倉先生がやってきました。

まず工場を見学させてもらうと言って、ぐるーっと一巡して戻ってきたと思ったら、何にも聞かないで「帰るよ」っと言って、本当に帰ってしまったそうです。

「こういうバカな工場の経営者に会う必要はない」というのが理由のようです。

普通であれば「先生、それはないでしょう」と言いたいところですが、先生の立場から言えば、せっかくの指導のチャンスを自ら断わったことになります。

仕事が欲しいのなら、その経営者がどんなであっても、引き受ければいいわけです。それを断わるというのは、単に損得で仕事をしていないということです。

なぜ先生は、損をしてまで断ったのでしょうか。


それは経営者が本気でやる気がなければ、指導をしても意味がないということです。

それに経営者が気づけば、再度お願いするはずです。

「先生、ご指導お願いします」と頼まれれば、経営者の本気が伝わって「それでは、やりましょう」ということになります。

あくまで指導を受ける経営者自身が本気で取り組もうとする気持ちがあるかどうか、それが重要だということです。

それを強烈なパンチで分からせる。一倉先生の凄いところです。


普通のコンサルタントは、やらせてください、です。

一倉先生は違います。

これだけでも、指導者としての質が違うのが分かると思います。

そこで一倉先生に叱られ大変身した一人ですので、次の通り断言します!!

社長が変わらないで、なんぼ改善計画を立てても社員にはまったく届きません!!

成果は上がりません。

社長自身が心を入れ替えて、本気で会社を良くしようと思わなければ誰もついてきません。

そのことを、真剣に自分に問うてみてください。

経営計画書の作成は社長として我が社を理解する唯一の方法である

今、述べてきたように社長自身が未来ビジョンを描くことができなければ、経営計画などは作れません。たとえ作っても成果はあがりません。

しかし社長が、いったんやると決めればできます。

なぜできるかというと、計画経営を作成することで、社長業の全体がよく見えてきて、いまトップとして何をやらなければならないかを知ることができるからです。

となれば、新型コロナ禍本番の今こそ計画経営の作成が必要であることが分かります。

いま取り組んでいる商品、サービス、技術、本当にこのままで3年後、5年後もやっていけるのか。真剣に考えるチャンスなのです。

マーケティングリサーチも経営者自らがやりましょう。

もしも今の仕事で5年後が見えないのであれば、即改革を断行しなければなりません。自ら体制を変えて必死で取り組んで行くことです。

「本業にこだわるな、しかし本業を離れるな」なのです。

まず経営計画の作成に当たって、5年後の目標をしっかりと設定します。

ここで重要なのは、5年後の目標を達成するために、今何をやるのか、また3年後、1年後には何をやるのか、フィードバックして今の行動計画に反映させることです。

この、今の行動計画に反映させることが重要です。

5年後のことだから、まだ時間があると思っていると今為すべき行動計画が出てきません。

これをフィードバック手法と言い、経営を逆算で見ていく。

これを私共の事務所では、「儲かる仕組みづくり」と言っていますが、これが具体的行動に結びついているわけです。

簡単にその流れを取り上げてみましょう!!

1、会社の未来像・ビジョンを設定する

本書で度々出て来る言葉ですが、社員と社員の家族の命を守り切る為に会社をどういう姿にするのかを社長が考えます。

2、方針書を作って魂を入れる

社長の熱い魂をぶち込みます。他人任せの経営計画書であっては意味がないからです。

ここでの留意点

①過去に触れない

②社長の姿勢を力強く示す

③具体的に箇条書で

④重点的に

そして、あくまでもお客様サービスが中心でなければなりません。

社長の真実の叫びとなる社長自身の言葉で仕上げます。

3、具体的な目標を設定する

会社の存続発展と、社員の幸福目標を実現する目標を立て、それを共有して取り組む。

これも、社長自らが行い、他人任せには絶対しないことです。

①市場マーケットに於ける我が社が生き残る条件を実現するものであること。

②計画は、常に逆算で立案する。その中味は、

一つ　経営の健全性を保障するもの

二つ　危機対応費、事業存続費を賄うもの

三つ　事業発展の為の費用を加算するもの

③これを支える生産性は量的なものと質的なものを考え合わせる。

④次に人的資源とその配分を考えることと、物的資源を長期的視野に立って考え、その調達財源を外部資金、内部資金でどう賄うかを考えて入れ込んでいく。

⑤さらに経営の目的である社員の夢を実現する為の労働分配、それが社員の生活と将来の幸福目標を実現するために共有し、共に取り組むものでなければなりません。

以上、目標はトップである社長が自ら樹立し、企業の運命を決める最高の方針の具体的策定は、社長自らが行い他人任せに絶対しないことです。

4、経営計画書の作成

1〜3までを計画経営に書き込んでいきます。長期計画として5ヵ年計画、短期計画としてスタートの1年を立案します。

常に5年後を意識して1年を取り組むことで、次の1年の計画に生かされます。

5、短期経営計画から長期計画を

短期計画で自社を十分理解した上で、次なる長期事業構想を作成します。これが計画の計画たる意味です。長期事業構想を描くことは、自社の優れた未来ビジョンを構築する為に今日只今、社長は何をしなければならないかを知る為にやるのです。

経営計画書の中には、利益計画、販売計画、設備計画、要員計画、資金運用計画などが含まれ、別名魔法の書とも言われます。

それほど重要だということです。その理由は利益が増大することにあります。

もちろんそれは、計画を有効に実践してのことです。お客様、金融機関からの信用が高くなり、内部では社員のやる気、元気の動機づけとなり、社長は社長業の実践者として頑張ることになるのです。

大変な時代だからこそ新規事業の開発と創造のチャンス!!

コロナによって圧倒的多数の中小企業は、不況に見舞われ、経営不振、場合によっては倒産に追い込まれています。

その一方で、人の行動が規制されたことで例えば通信の関連企業や宅配関係は、むしろ好景気になっています。

不況がある中、好調な会社もあるという現実を冷静に見ておく必要があります。

コロナ禍の中、直撃をうけている飲食業、全てダメかと言えばそうではなく売上を伸ばしているところもあります。

その差は何でしょうか。

やりようによっては、生き残ることができるということを示していると言えます。

よく言われる、ピンチはチャンス、ピンチをチャンスに変えた人が生き残るということです。


それで重要なのは、誰がピンチをチャンスに変えるかです。

それは会社で言えば、社長以外いません。

ピンチだからこそ真剣に考えてチャンスに変える。

そうした閃《ひらめ》きは、簡単に出てきません。社長は誰よりも真剣に、常に会社をどうしようかと考えているから閃きがあるのです。

大変な時代だからこそ新規事業の開発と創造のチャンスなのです。

経営計画書作成に当たって「本業にこだわるな、しかし本業を離れるな」と述べました。

実は、私共の事務所も新型コロナ禍の中だからこそ、思い切って社名を変更しました。

それは、本業から離れず、より高い事業展開を目指すためです。

我々はなんとしても顧問先である中小企業を守り、発展させるべく、従来の税務会計の面だけでなく、経営者の皆さまと企業存立を一緒になって考え、サポートする経営参与事務所に生まれ変わることを決意いたしました。

今後は従来の税務会計を中心とした巡回監査と共に、経営参与としての役割を果たすべく、ＪＰＡ総研経営参与グループ全体が一丸となって、顧問先の皆さまを支えていく所存でございます。

旧社名　株式会社日本パートナー会計事務所

新社名　株式会社日本パートナー経営参与事務所

（略）

顧問先をはじめ関係する皆様にお知らせした一部ですが、徹底して顧問先に寄り添って顧問先のお役に立つという強い願いから、令和新時代の取組みとして踏み切りました。

社長が本気で決断することで、新規の事業の開発と創造が生まれます。ビジョン経営の担い手として、できないのではなく未来事業の開発力を高めていく。

それが社長の仕事です。

令和時代とコロナ禍、先が見えない時代の真のリーダー社長たれ!!

会社として成長・発展を目指すならば、会社として組織力を高めていかなければなりません。人を活かすこと、動かすことを「働く」と書きます。

社長は、社員をその適性に応じて配置し、その能力を伸ばしつつきちんと動かせるようでなければ、社長の本来の仕事ができなくなってしまいます。

特に令和時代になってコロナ禍の先が見えない時代だからこそ、社長は真のリーダーとならなければ、社員はついてきません。

これまで数多くの中小企業の社長を見てきましたが、「社長がこんな仕事をやっていて、本当に大丈夫なのか？」と思ってしまうことが少なからずありました。

社長が何でもやってしまうと、部下の責任自覚がなくなってしまって成長が遅れ、組織が活性化しないからです。

社員をもっと信頼し、部下が力を発揮できるように仕事を任せることです。

もちろん、部下に任せることには社長として相当の勇気と努力と根気が求められます。しかし、人財を育成し、会社を発展させるためには絶対に超えなければならないハードルです。

私は事務所の開業当初から、自分のやらない仕事を決めました。ヨーロッパの経営書に書かれていた、「トップに就任して第一に行うべきことは、自分のやらない仕事を決めることである」という一文を読んでいたので早速実践したのです。

そして、トップである自分よりも潜在能力のある人間を採用することに努め、自分のやらない仕事を担当させました。さらに、これは幹部になれると見込んだ者には、その能力ギリギリの仕事をどんどん任せて鍛えてきました。

ただし、ここではっきり認識しておくべきことがあります。社員に任せるのは意思決定ではなく、管理面や実施面での実務だということです。

社長の最大の役割は意思決定で、社長業とは意思決定の連続だからです。意思決定は会社の命運を決めるものであり、それはすべての責任を負う社長にしかできません。

社員に任せるのは社長が決定した後の実践段階であり、意思決定は絶対に部下に任せてはダメなのです。

航海にたとえれば、目的地を決め（経営理念・目標）、そこへ最も安全に、かつ早く到達するにはどの航路をとるべきか（経営戦略）を決めるのは、トップの役割であり、実際の船の操縦や、整備・点検などの管理業務は、社員に任せるのです。

後で取り上げますが、「顧客の創造」、「儲かる仕組みづくり」、「やる気の土俵づくり（人財の育成・啓蒙)」、そして「円滑な資金繰りの実現(健全な財務体質の構築)」の四つは、社員に任せることなく、社長が全力投球すべき仕事です。

中小企業の経営者こそ先哲が教える「利他の心」の実践者たれ!!

私が執務する部屋には「自利利他」の額が掲げられています。私共の事務所の経営理念でありそれを背に私は仕事をしています。

自利とは利他を言う。伝教大師が唱えた哲学であり、恩師飯塚毅先生が大成功した理念であり、歴史に残る経営の原則です。

もう一つ、「光明に背面なし」も飯塚先生から教えてもらいました。

自利利他の実践として、「光明に背面なし」のように裏表のない公正公平な態度で顧問先に接するということです。

会社経営は、利益を上げることで国家社会に貢献でき社員と社員の家族を守ることができます。端的に言って、経営は利益を上げることが求められます。

もちろん、それが経営の全てでないことは言うまでもありません。

しかし利益を上げなければ、赤字になり倒産となってしまいます。

では利益はどこから生まれるかと言えば、それはお客様です。

だからこそ多くの経営者が、お客様第一主義を掲げています。

ただモノが売れれば、それでいいというような態度でお客様に接していたら、それは真にお客様を大事にしているとは言えません。

そうならないために、私共の事務所では自利利他を経営理念に掲げ徹底して実践するようにしています。

それは、真にお客様から喜ばれること、真に必要とされる事務所となることです。

顧問先の社長から「パートナーさんに頼んでいて良かった」と言われるほど嬉しいことはありません。

こうした喜びを増やしていくことが、顧問先を守り、私共の事務所も守ることになるとの思いから、会計事務所を経営参与事務所に社名を変更したわけです。


自利利他を誤解している経営者がいます。

自利が先にきているから、おかしいと言うのです。

自利とは利他を言う、利他があって自利があるのです。

経営は自利でもできます。しかし、利他の心がないと、ジリ貧になっていきます。

お客様が離れるからです。

利他の心の実践こそ、成功の秘訣です。

なぜ私がこういうことを言えるかというと、いろんな会社、販売の会社、製造の会社、工事の会社、卸業など見ています。

しかし統一して、成功している経営者について言えることは、全て「利他の心」の実践者であるということです。

本気で相手を思う心がない会社は、社長トップにお逢いすればすぐに分かります。

社長!!「利他の心」の実践者になり切りましょう。

第4章

事業は人なり組織なり!!
それは社員の努力を無にしない経営のことなのだ!!

人財採用の前に優れた人財育成の体制があるかを確認せよ

第3章では、未来経営・ビジョン経営が会社の継続発展のためにいかに重要であるかを述べてきました。

そして、それが絵に画いた餅にならないように実践することの大切さも述べてきました。

もちろんその先頭に立つのは経営者である社長ですが、第一線で仕事をするのは社員です。

ですから社長としては、何としてもいい人財が欲しいと願うのはごく自然です。

では、どうすれば自分の会社に必要な人財を採用できるのか、それが知りたいところです。

その前に、社員を採用したいと募集をしてもなかなか決まらない会社にとっては、まずは優秀であるかは別にして人が欲しいという思いもあると思います。

現に、ネットでも新聞に入ってくるチラシでも募集広告があり、また就職専門の冊子も出ているなど多くの募集を見かけますので、企業の必死さを感じます。

一方で、新型コロナ禍本番の中で、会社の人員整理や会社閉鎖によって仕事を失ったり、この機会に転職したいという人もいるはずです。

であれば、会社としてはすぐにでも採用できるのではと思っても、なかなかそうはいかないのが現実ではないでしょうか。

会社側は、できるだけ優秀な人を採用したい。そうでなくても採用後に教育で人財に育てたいとの思いがあります。

就職希望者は、できるだけ自分が求める条件に合った会社を選びたい。

そうした意識の違いが、なかなか決まらない要因として挙げられます。

このギャップは、今後もなくならず、むしろ大きくなっていくと考えます。

不況になればなるほど、会社側はいい条件を出せなくなり、希望者はより慎重に会社を選ぶようになると考えるからです。


そうした中でも実際は、応募が沢山きて誰を採用するか選ぶのに苦労している会社もあります。

そこまでいかなくても、人を採用したら即戦力となる人は別にして、多くの場合、採用後に仕事ができるように人を育てなければなりません。

即戦力となる人でも、会社の方針や理念を理解するよう指導しなければなりません。

いずれにしても、採用後には育成が必要となります。

果たして我が社は、人を育てる体制になっているだろうか。優れた人材を生かす組織になっているだろうか。


事業は人なり、組織なり!!

人を採用するということは、人財に育てることとイコールなのです。

隠れた人財を掘り起こし人が育つ事業経営の確立を

中小企業にとって社員一人の存在は、規模が小さい会社ほどその影響力は大きくなります。

社員一人の働きが、会社経営に良くも悪くも大きく響くからです。

ですから中小企業は、いい人財が欲しくなるわけです。


現実はどうでしょうか。

いい人財であるかどうかは、雇った後でないと分からないというのが実状と思います。

雇ってはみたものの、社長の目からみると、社員がなかなか思うように成績を上げない。

仕事に対する意欲がない。

お客様に説明する資料の勉強もしない。

会社に対する要求はすぐにしてくるのに、自分がなすべき仕事を積極的にしない。

そういう思いが、積りに積もって、

「うちには、人財が集まらない」

「人財が育たない」

という中小企業経営者の声を私はよく耳にします。

確かに現実はそうかもしれません。

また社長の言わんとする気持ちは、私も経営者ですので痛いほど分かります。

しかし問題は、経営者の目に適う社員を誰が育てるかということです。

最近の社会風潮は、すぐに「パワハラだ」と言われ兼ねないので、「指導したくてもできない」という社長もいるかもしれません。

人財育成の重要性を知りながら、言いたいことも言えずにストレスを溜めてしまっている社長もいるかもしれません。


ここで私は、はっきりと申し上げたい。

「もう、そういう負のスパイラルは止めにしましょう」

「自信を持って人財育成を行ってください」と。

なぜかと言えば、社長は会社のトップだからです。

「我が社に人財がいない」、のではなくて、社長という人財がいるのです。

トップが動かずして誰が動きますか。

社長が人財にあらずして、誰が人財足り得るでしょうか。

トップは、会社にとって最大の人財でなければならないのです。

自分は社長として「人財足り得ているか」と、自らに問うてみましょう。


「後姿を見せる」という言葉があります。

そんなの古い、と言う人もいるかもしれません。

でも、私は言います。

人は、人の間で生きているので人間です。単独で生きているのではありません。お互いが支え合い、協力し合って生きているのです。

そこには、心ある人間がいます。

社長が頑張っている後ろ姿は、確実に社員に伝わります。そうなれば、怠けようなどと思う社員はいなくなります。


ここで言いたいのは経営者である社長が人財となって、今いる社員を大事に育てることです。

「お前は俺なんだ」と、社員を己自身と思って真剣に接するのです。

それが、社員と社員の家族を守ることであり、隠れた人財を掘り起こし人が育つ事業経営の確立ということになります。

社長に、その自覚がなければ人財育成などできるはずもありません。

事業は人財の発掘です。

いかにして人財を発掘し育てるか、それにはまず今いる社員を大切にして育てる。それが最大の人財足る社長の役割、使命ということです。

人財の育成は会社の継続発展と社員の幸せのために欠かせない

人を育てるということは、どういうことでしょうか。

本書では、ジンザイを基本的に人財と表記していますが、ジンザイは、漢字で書くと大きく4つに別けられます。

人在……在るという文字から分かるように、「あなたは会社にいるだけか」と言われる人のことです。確かに仕事はしている。でも積極的ではない。自ら動こうとはしない「やらされ感」が強い人です。経営的に言えば、まだ自分の給料分は稼いでいない人になります。

人材……会社を支える大事な働きをする人として、普通に使われているジンザイがこの人材です。だから会社は人材が欲しいのです。または、だからこそ会社は早く人材になって欲しいと願って、時間とお金をかけて育成するわけです。

人財……人材からさらに大事な宝のような人のことです。社長の考えで、社員は宝であると捉え人財と称する会社もあります。職人のように、この人なくして仕事ができないという人は、まさに人財と言えます。また会社にとっての最大の人財は社長ですから、常に人財足らんとする努力が必要です。

人罪……あってはならないことですが、罪という文字からも分かるように、会社に対し悪事を働く人です。また悪事とまではいかないけれども、失敗を繰り返したり、仕事をさぼったりする会社にとってマイナス的存在の人です。

では、なぜ会社は人財を求め、人を育てるのでしょうか。

それは、会社経営がボランティアや慈善事業、趣味で仲間が集まるサークルなどではなく、経済活動を行う組織だからです。

簡単に言ってしまえば、経済活動で利益を出すために、お客様と接し業績を上げる優秀な人財が欲しいわけです。

この「利益を出す」ことには、２つの意味があります。会社経営の柱とも言うべき非常に重要なことです。

一つは会社を維持、継続発展するためです。

もう一つは、社員の幸せのためです。

社長にとっては、この２つを守ることが使命となります。

そんなの分かり切っていると言われるかもしれませんが、ここで社長が乗り越えていかなければならない問題があります。

社員に働く意味、働く価値を正しく理解してもらうことです。

これも人財育成の一環で、社長がやるべき大事な役割です。


経済の語源は「経世済民《けいせいさいみん》」です。

「世《よ》を経《をさ》め、民《たみ》を済《すく》う」と読みます。

もともとは政治の要諦《ようてい》（最も重要なこと）ですが、国を治めるにしても、民を救う（国民の生活を守る）にしても、お金が必要だということです。


仕事を通じて利益を上げるということは、国家に役立つことであり、国民のためにもなるということです。次に取り上げている日本人の傍楽《はたらく》に通じ、働くというのは利他の心の実践であり、立派に国家社会に貢献していることになります。

経営者と社員が会社を守り社員と家族を守るために意識を共有する

本来の日本人の働くという感覚は「傍楽《はたらく》」です。「傍《はた》」はまわりの人つまり他者であり、「楽《らく》」

は幸せを意味します。

他者を幸せにするために働く。それが生き甲斐、働き甲斐となって、自分に返ってくるという考え方です。焼け野原になった日本の戦後復興も、この日本人の価値観がパワーを発揮して見事に成し遂げることができたわけです。

働くを傍楽（はたをらくにする）として捉えていた日本人に、戦後入り込んできたのが「労働」という価値観です。

傍を楽にする考えではなく、自分のために労働する。会社のことより自分のことを先に考える。もっと言えば、会社のことは考えない、自分のことしか考えない。

「今だけ、金だけ、自分だけ」の生き方です。

その行き着くところは、会社と社員はバラバラ、対立関係にさえなっていきます。

普通の心の持ち主であれば、経営者としては社員に気持ちよく働いて欲しいし、社員も気持ちよく働きたいと思うはずです。

ところが現代の社会風潮としては、会社は会社、社員は社員という考えが強くなっています。そのために、会社と社員の目標がなかなかマッチングしないわけです。

例えば利益、会社としては利益がなければ社員の給与が払えません。

利益を出すということは、会社のためだけではなく社員のためでもあるわけです。

このことをどう社員に理解してもらい、気持ちよく働いてもらうか。これが社長として乗り越えていかなければならない課題です。

その解決法の一つが、会社の継続発展と社員の幸せのためには利益確保が必要であるという認識を、経営者と社員が共有することです。

目標に向かって、両者が目的意識を共有するのです。

共有することで、共に一つの目標に向かって歩むことができるからです。

成績の上がらない中小企業、赤字が続く中小企業は、この共有ができていない。それが大きな要因です。

ただ社長は、いくら利益が大事だと言っても、社長個人の利益だけを求めて、社員の給与を安く抑えることはあってはなりません。

それでは、社長失格です。

利益は、社員の働きを正当に評価して分配する。

人は、自身の存在を認められ、正しく評価されることで人財へと成長するのです。

働き方改革から働き甲斐改革へ――やる気の土俵づくり

大事なことは社員が生き生きと働き、幸せを感じてもらうことです。

それには社員にとって、仕事がやり甲斐、生き甲斐あるものでなければなりません。


JPA総研経営参与グループでは、社員にやり甲斐、生き甲斐を持ってもらうべき、やる気の土俵づくりを長年やってきています。

それに加えて今は、政府が進める働き方改革ではなく、働き甲斐改革に取り組んでいます。

働き方改革で私が危惧しているのは、テクニックだけの形式的な改革で終わってしまうのではないかということです。


大事なことは、ヒューマンコミュニケーションです。人の心を無視してはヒューマンコミュニケーションはできません。

やはり、人の心を思いやる配慮がなくては、人を人として生かす改革にはなりません。

もし、嫌々仕事をしていたら、その社員は可哀想です。一日の3分の1に当たる時間を嫌々生きることになるからです。

社員である以上、仕事をしなければなりませんから、やるなら気持ちよく働いてもらいたい。

経営者なら、そう考えます。

第3章で、ビジョン経営の重要性を述べてきました。しかし、それがどんな立派な理想・計画であっても実行しなければ絵に描いた餅になってしまいます。

それを第一線に立って実行するのが社員です。

社員が気持ちよく働けるためにどうするか、それがやる気の土俵づくりです。

ここで重要な事は、社員の「本気さ」をどうやって引き出すかです。

具体的には、目標管理を積極的に取り組むことですが、その前提になる考えがあります。

・社員と会社の一体感を創造する
・経営者と社員は共に幸せを実現する良きパートナーである
・モチベーションを高めるには社員の努力を無にしないことです。

それによって社員は、会社が単なる給与をもらう場ではなく、仕事を通して生き甲斐、働き甲斐を感じるようになります。

人生の充実感を味わうことができます。

それを社長が提供できる。

社長としても、生き甲斐、働き甲斐を持って働く社員を見たら嬉しくなります。

お荷物社員を一人も出さない会社づくり。

人生の充実感を生み出す職場づくり。

それがやる気の土俵づくりということで、社長にしかできない仕事なのです。

悔いのない人生、生きる姿を親に見せることが親孝行なり!!

生き甲斐、働き甲斐に関連して大事なことがあります。

それはやり甲斐、生き甲斐を持って仕事をするのは、親孝行に通じるということです。

私達は、人生の大半の時間を仕事で使っています。

仕事での時間が充実すれば、それだけ人生も豊かになります。

その人生を作っているのは、自分です。仕事も人生もどう生きるかは、全て自分にかかっていると言えます。


ＴＫＣ創設者の恩師飯塚毅先生は「人生は一回しかないというのが人生の本質だ」と我々の前で泣きながら言っておられました。泣きながらです。

「人生って一回しかないんだ。一回しかないのが人生だなと知った時に、一晩中泣いて過ごしましたよ」

とまた泣いて話されていました。

大事なのは「一回しかない」という言葉の意味ではありません。その言葉にどういう心があるのか、それを知らなければ、先生が泣かれた意味も分かりません。

例えば親孝行を考えてみましょう。

昔は、学校で修身の時間があり、親孝行も学びました。

今は、もう死語と言ってもおかしくないくらい使う人はいなくなりました。

しかし、どんなに時代が変わっても「親と子の関係」はなくなりません。

むしろ親と子の関係の中に、人が人として生きていく教えがあります。

幕末の長州藩で多くの志士を輩出した「松下村塾《しょうかそんじゅく》」の主宰者・吉田松陰は、江戸幕府から取り調べのために呼び出されたときに、もう親と会えるのはこれが最後だろうとの思いで歌を詠みました。

親思う　心にまさる親心　けふのおとずれ　何ときくらん

子供が親を思う気持ちよりも、親が子供を思う気持ちが強いと前半に詠んでいます。

後半は、呼び出しの知らせを、親はどう思って聞くだろうと、親の心を気遣って詠んでいます。


そうした親の思いに子供は、どう応えたらいいのか。

それは、悔いなく生きている自分の姿を親に見せることだと私は思います。

なぜかと言えば、大事な我が子が悔いのない人生を送っていなかったら、親はいつまでも安心できません。

何かあると親は「安心してあの世へ逝けない」と言葉にしますが——あの世に行くことが目的ではないけれども——悔いのない人生を送らない子供を置いて逝けるかと心配するのが親です。

親はいつでも子供の幸せを祈っている。それが親です。


今の仕事に、悔いなく取り組む。その我が子の姿を見て、親はどう思うでしょうか。「いい会社に入って良かったなあ」と喜びます。

親孝行というのは、お父さん、お母さんに働き甲斐を持って生きている姿を見せることです。

「疲れないか」

「疲れるどころか、楽しくて、楽しくて」

「いい仕事につけて良かったなあ」

それが働き甲斐ある姿であり、親孝行です。

その姿を見て親は、安心して会社にお任せできます。


仕事というのは、単に給与をもらうためだけではなく、お客様に喜ばれ、会社に貢献し、国家社会にも役立ち、そしてそれが親孝行になるのです。

働き甲斐があるから、生き甲斐がある。

生き甲斐があるから、人生に命をかける意義がある。

人生にかける命が豊かであればあるほど、人生観は豊かになって、それが親孝行になるのです。

人を思いやる和の心、利他心の実践につながる義、恩、情

もう一つ私が人の生き方として大事にしていることがあります。

それは義、恩、情です。


義というのは相手を思いやる心、すなわち利他の心です。

利他の心に自利を見る。

そういう飯塚先生の教えのとおり、相手を思いやる気持のことです。

義は、利他の心、すなわち利他の実践があって発揮されます。


最近はスマホ人間が本当に多くなってきています。

我々はその轍を踏みません。

スマホ人間になりません。

目の前のこと、自分のこと、お金のこと、そのことで頭がいっぱいなスマホ人間にはなりません。

スマホを見るのが忙しくて、将来のことを考える余裕がないのではと心配になります。

これからスマホの料金が安くなるということですが、もっともっとおかしくなると思います。

スマホは全てではありません。

人と会わなければならないことがあるのです。

在宅勤務、テレワーク、いろいろありますが、やっぱり会わなければできないことがあります。

人間の心に関わるような場合は、特にそうです。

人の心、利他の心は、会って初めてわかることが多いのです。


恩というのは何でしょう。

日本人の心です。

人が人として生きていくための原点です。

受けた恩は必ず返す。
受けた恩は石に刻む。
石に刻んでおいて忘れない。
これが恩です。

そして情《じょう》、情《なさ》けとも読みます。
人にやさしく情《なさ》けに篤《あつ》く。
これがおもてなしサービスです。

〝義、恩、情〟という言葉を聞いて「神野先生は右翼ですか、左翼ですか」と質問をしてくる社長がいます。
私は「仲良くだよ。仲良く。和の心だよ」と言い続けています。

日本の心は、和の心です。
世界はこれから大変な時代がくるでしょう。
その大変な世界の人たちに訴えたいのは、和の心です。
平和を守るために、和の心からスタートして、受けた恩義は必ず返す。
これが人としての原点です。

残念ながら世界は、自分の国が中心という動きをしています。

アメリカも中国も、ヨーロッパも、自己中の塊がぶつかって争いになっています。

世界が平和になるためには、そういう事を直していかなければ、いつまでも良くなりません。

やっぱり日本は、日本の心、和の心を世界に伝えていく使命があるように思います。


日本でのコロナ被害が、世界の中で少ないのはなぜでしょうか。

日本人は、けじめをつけて生きています。

それは、みんなのために自分がいる。

国家や社会のために我々又は自分がいるということです。

日本人は、そういうことを忘れない国民だということです。


コロナは、日本人の心を世界に知ってもらうチャンスだと思っています。

また、日本人の忍耐力と和の心を世界に知ってもらうことだと思っています。

どこまでできるか分かりませんが、こうした〝義、恩、情〟を顧問先である中小企業と一緒になって実践していきたいと思っています。

目標管理で人生の充実感を生み出す職場づくり ― 社員と会社の一体感の創造

親孝行の話から、仕事の取り組みの大切さを述べてみましたが、社長として具体的にどう進めていけばよいのか、目標管理の取り組みについて説明したいと思います。

一般的に行われている目標管理の狙いとしては、次のような項目が挙げられます。

①業績・成果主義の徹底
②個人目標と組織目標の一致
③上司と部下のコミュニケーションパワーアップ
④組織の活性化・ホーレンソーダーネーの徹底
⑤チャレンジ精神の奨励
⑥管理者のマネジメント力の向上

これらの内容を通して「上司と部下が緊密に連携し、組織目標の達成に挑戦する」職場環境づくりを目指します。

目標管理は「企業の利潤追求と個人の幸福目標実現」に向けて、会社、社員ともに成長するやる気の土俵づくりであることが大事なポイントです。

しかし、必ずしもうまく機能していない会社が多いのも事実です。

なぜでしょう。

その理由として、社員の「本気」を引き出す仕組みになっていないことが挙げられます。いわば、会社からの一方的な命令になっているのです。

社員が本気で仕事に取り組んだときと、命令を受けて仕事に取り組んだときでは、生産性は大きく異なります。

そうです。本気をつくり出すためには、個々の社員が心から納得して自己統制を行い、仕事に集中できる仕組みをつくる必要があるのです。

すなわち、社員が仕事の目的と期待される成果を確実に達成するための方策を真剣に考え、最大限の能力を発揮することを促す目標管理体制づくりでなければなりません。

そのことが、社員と幹部の給与と昇給の源泉となり、まさに下から盛り上がる仕事の開発ぶりになるのです。

そのためには、社員と会社の一体感、すなわち目標を共有する意識のマッチングがどうしても必要です。

しつこいですが、それを創造するのは経営者である社長であることを忘れないでください。

自分の会社でも目標管理をやりたいという希望があれば、喜んで指導させていただきます。

経営者と社員は共に幸せを実現する良きパートナー

第1章でも述べましたが、伸びている会社の社員を見てみると、明るい、元気、前向き、挨拶がいい……働かされているのではなく、働くことに価値感を持ち、会社に誇りを持って仕事をしていると感じます。

どうやって、こういう社員を育てていったらよいのでしょうか。

結論から言えば、それは全て経営者自身に答えがあります。

ポイントは、人財育成のところで説明したように利益を社長が独り占めしないことです。

社員は、会社の存続発展と社員の幸せを実現する良きパートナーなのです。

社員は単なる働く一つの駒ではありません。

人生の多くの時間を会社で過ごし、人生そのものを、仕事をしながら作り上げていると言っても過言ではないからです。

それを実現すべく用意されているのが「やる気の土俵づくり」の個人の「幸せ目標」です。

同時に、それを達成するために会社の目標もあります。

個人の「幸せ目標」を、年度の始めに全社員が会社に提出します。

お分かりでしょうか。ここで重要なポイントは、個人と会社の幸せ目標をどう合わせて達成していくかということです。

社長にとっては、当然ながら社員に仕事を通じて生き甲斐とやり甲斐を持ってもらうことが、パートナーになる大きな鍵と言えます。

そうです。

何度も言いますが、経営者と社員は、共に幸せ作りに取り組むベストパートナーとして取り組むことなのです。

そのやる気の原点は、人様のために役立っているという実感であると理解できると思います。

私共の事務所の「幸せ目標」を参考に紹介します。

次の３つです。

マスタープラン

私の幸福目標

会社の生産目標に対する私の目標

令和２年研修　マスタープラン

㈱日本パートナー会計事務所
　代表取締役　神野 宗介　殿

私は、以下の研修を今年、強い意志をもって継続実行し、
自己の実務能力を向上させるとともに、目指す資格にチャレンジ
する決意であります。

Ⅰ．業務研修

	ＴＫＣ 時間	事務所 時間	その他 時間	合計 時間
1 税務、職業法規				
2 憲法・民法・商法				
3. ハッピーエンディングマネージメント				
4. 経営計画				
5. ＭＧ・ＳＭＩ				
6. 危機管理				
7. 申是優良企業				
8. 事業承継・相続				
9. Ｍ＆Ａ				
10. 国際業務				
合　計				

Ⅱ．資格研修

目指す資格　＿＿＿＿＿＿＿＿＿＿

本年受験するもの　＿＿＿＿＿＿＿＿＿＿

学校学習　＿＿＿＿＿＿＿＿＿＿時間
（　　曜日　午前 ・ 午後 ・ 夜 ）

自宅学習　＿＿＿＿＿＿＿＿＿＿時間

合　計　＿＿＿＿＿＿＿＿＿＿時間

＊ 現在までに取得している資格及び科目

＿＿＿＿　＿＿＿＿　＿＿＿＿

＿＿＿＿　＿＿＿＿　＿＿＿＿

令和　２年　　月　　日

氏名＿＿＿＿＿＿＿＿＿＿＿＿印

㈱日本パートナー会計事務所
代表取締役　神野 宗介　殿

令和　年　月　日
㈱日本パートナー会計事務所
支社名
部課名
氏　名

私の幸福目標

私は人生の一回性を深く思い至り、次の通り価値ある目標実現するため下記の通り宣言します。

Ⅰ　給与目標　計　円

内訳
1 1年間給料　円
2 1年間賞与　円
3 特別報奨金　円
4 決算賞与　円
5 新規開拓手当　円
6 保険開拓手当　円
7 その他手当　円

Ⅱ　職務目標

部　課　長

Ⅲ　職能目標

助手職　初級職　中級職　上級職　管理職

Ⅳ　家庭サービス

1 家庭サービスデー　日　時間
2 住宅・車・家電・ etc
3 その他

Ⅴ　本年度重点目標（人生6分野）

家庭面　経済面　社会面
教養面　精神面　健康面

重点目標のコメント

Ⅵ　人生に賭ける中長期目標

（簡単に身近なものでも）

以上

㈱日本パートナー会計事務所
代表取締役　神野 宗介　殿

第 55 期

私　の　目　標

（令和 2 年 7 月 1 日 ～ 令和 3 年 6 月 30 日）

Ⅰ　新規拡大目標　社
Ⅱ　FX4 導入指導目標　社
Ⅲ　保険指導目標　（契約高　億円）
Ⅳ　生産目標金額（年間）
1．通常業務報酬
①既存関与先（　社）　円（含む個人）
②新規関与先　円
合計　0 円

2．ＭＡＳ業務報酬（新規関与先を含む）
①ＯＡ導入指導報酬　円
②保険開拓報酬　円
③経営計画作成指導報酬　円
④その他（相続税対策等）　円
合　計　0 円
総　計　0 円

上記目標を達成すべく本気で取り組み最善の努力をいたします。

令和　年　月　日

支社

主査

モチベーションを高めるには社員の努力を無にしてはならない

やる気を引き出すモチベーションアップについて、私共の事務所を例に説明します。目標管理と人事評価を連動させ、毎月業績検討会を開いて次月以降の対策を練っています。目標を与えられただけでは人は動きません。その働きに対して、正しく評価して応えてやる必要があります。

そのポイントは、社員の努力を無にしないということです。

人は正しく評価されることでモチベーション（意欲、やる気、動機づけ）は間違いなく上がります。モチベーションアップをいかに高めるか、それが社長の仕事になります。モチベーションで大切なのは、いかにして目標達成に対する高い意識を持続させるかということです。

人というのは、どうしても時間が経過するとモチベーションが下がるものです。それを何とか維持したいという思いから、私共の事務所では、全員参加で取り組む年4回（4半期ごと）のイベント（儀式）を開催しています。

▼一月：新春方針発表会（個人の年間目標も発表）

▼四月：合同入社式グループの方針発表会
▼七月：五年後を見据えた本年度のＪＰＡ総研グループ経営指針の発表
及び全社経営計画発表会
▼十月：ＪＰＡ秋季大学成功体験発表大会

これらの儀式によって、
・会社での自分の位置付けと意味付けが確認できます。
・方針・夢・ビジョンを語り合う場となります。
・会社の方向性を確認し、「自分はこの会社の一員である」という実感を得ることができます。
・将来に確固たる信念、希望の持てる職場であることを確認できます。
・組織における自分の立場、今後自分に求められている役割を発見できます。
・自己発見の場であり、モチベーションを高揚させ、「生の喜び」を得る場になります。

重要なポイントは、こうした社員の努力を無にしないことです。

私共は、社員が納得する褒賞金制度を確立し、イベントの機会を利用して賞金を渡しています。

それが他の社員にも良い刺激になっていると実感しています。

・社員と会社の一体感を創造する
・経営者と社員は共に幸せを実現する良きパートナーである
・モチベーションを高めるには社員の努力を無にしない
この3点は、会社の継続発展と社員の幸せのために、どうしても必要であると確信します。

第5章

販売なくして事業なし!!
中小企業のトップセールスの必要性がここにある!!

顧客の創造は社長の仕事　営業も販売も部下任せは社長失格!!

本書では、何度も利他の心の実践がいかに重要であるかを述べてきました。

それは経営における、お客様を大切にする原点だと考えているからです。

そのお客様を増やしていくのが顧客の創造であり、販売の出発点は「顧客の創造」ということになります。


赤字会社の社長がよく言う言葉に「うちには人財がいない。営業部長がなっていない」というのがあります。

自分の思うように、会社の売上が上がらないという嘆きの声です。

本当に、そうなのでしょうか。

売上が上がらないのは、社員や営業部長のせいなのでしょうか。

「社長、そう言う前に、やることがあるのではないですか」と私は言いたい。


創業当時のことを思い出してください。

必死になって顧客の創造のために、会社訪問をしていたはずです。

飛び込みであろうが、人の紹介であろうが、必死で回っていたのではありませんか。

だからこそ、会社が伸びてきたと思うのです。

それは、間違いなく社長自らが会社を引っ張ってきた姿です。

社長、どうでしょうか。売上が伸びない、業績が上がらないのは、営業部長のせいですか。

会社の実績は、トップの引っ張りによって変わるのは、歴史が証明するところです。


私が言いたいのは、社長こそが会社の営業部長だということです。

営業成績が上がらないのは、社長、あなたのせいなのです。

顧客を創造するのは、トップである社長、あなたの仕事です。

成績を上げている会社は、例外なく社長が「顧客の創造」を真剣に考え、それを実現するための計画を立て、率先して動いています。


経営の神様と言われる、P・F・ドラッカー博士は「社長の仕事の究極は、顧客の創造にある」と語っています。

売上は「単価×数量」です。売上単価を上げる工夫をすることももちろん重要ですが、景気が低迷すれば自ずと限界が生じます。

したがって、数量を増やす、すなわち顧客を拡大することに全力を挙げなければなりません。

お客様を増やす上で重要なことは、商品あるいはサービスの質の高さであることはいうまでもありません。

しかし、良い商品やサービスなら消費者は買う。不景気だからモノが売れないというのは、本当のような話に聞こえますがウソです。

顧客の拡大こそ、それを解決する鍵なのです。

顧客の拡大で一番効果的なのは、何といっても人脈を基本とするヒューマンネットワークづくりです。

口コミパブリシティが顧客拡大の最大の鍵を握っています。

そのためにも、社長はとにかく人目の多いところに顔を出し、名前を売らなければなりません。

自らが最大の広告塔となって顧客を創造する。

それこそが、中小企業の社長の最重要の仕事と心得るべきです。

顧客からの信頼を得るには顧客訪問で社長のビジョンを語れ!!

営業部長が顧客を回るのと、社長が回るとではその重みは大きく違います。

社長の一回の訪問は、営業部員100回分に当たります。

その力を、いまあなたは発揮しているでしょうか。

発揮しなかったら、会社にとっては大損失です。

「いや、私だっていろいろやることがある」と言って、顧客の創造を部下に任せ、穴熊社長になっていませんか。

団体の役員や名誉職を引き受けて——自分は立派に社会貢献をしていると——仕事の大事な時間を使っていませんか。

赤字会社の社長に、よくある姿です。

創業時を思い出し、率先して会社訪問をしましょう。

うちには人財がいない、営業部長が悪いなどと言う前に、社長の姿を見せましょう。

その際、社長のビジョンを語ってください。

第3章で未来経営、ビジョン経営の必要性をしつこいくらい説明してきましたが、それが顧客訪問でも有効に役立ちます。

なぜかと言えば、ビジョンを語ることは顧客からの信頼を得る武器になるからです。

「社長！　モノを売るのではなく、自分を売る、理念を語る、ビジョンを語るなど、自分の会社の魅力をぜひ語ってください」

モノの説明だけでは、人間対人間の信頼感を得るのは難しいものです。

顧客との最高の関係は「あなただから買う」という信頼を得ることです。

モノが売れない時代は、モノを買うというより、誰から買うかが購入決定の大きな判断条件になるのです。

だからこそ社長は自分を語る、ビジョンを語って信頼を得るのです。

不況だからこそ、今がチャンスです。

それで獲得したお客様を営業部長に担当してもらうのです。

販売促進の基本原理、商品サービスの本質を知ってその実践者たれ!!

社長の役割を、いくら伝えてもなかなか理解しない経営者がいます。

それは、はっきり言って、心のゆるみです。

心のゆるみとは、そこそこ食えるので、それ以上の努力はしないということです。それでどうなるかと言えば、経営が自分本位になって、大事なお客様を大切にしなくなります。

それではやがて、お客様は離れていきます。

企業は、継続が前提のゴーイングコンサーンですから、企業の本筋から外れた経営をしていることになります。

お客様を大切にする気持ちを持たないと、販売促進の基本原理や商品サービスの本質を見失ってしまいます。

商品やサービスはお客様に届けて、もしくは提供して終わりではないのです。商品やサービスで、お客様のお役に立ち、喜んでもらうことにあります。

となれば、経営者としては当然、今の商品でいいのか、今のサービスでいいのかと考えます。それが、販売促進の基本原理や商品サービスの本質を知るということです。

ここではっきり言いたいことは、お客様にどうすれば喜んでもらえるのか、どうすれば必要とされる会社になれるかを真剣に考えれば、いろいろ打つ手は出てくるものです。

社長の役割を理解しようとしない経営者は、結果としてお客様のことを考えない、お客様の立場に立って商品開発やサービスを考えない社長ばかりです。

現状維持なので、仕事としては楽かもしれません。

しかしそれは、同時に存在価値のない会社にしてしまうのです。

「お客様は何を求めているのか」、それを真剣に考えるのが販売促進の基本原理であり、商品サービスの本質です。

分かり易く言うと、第1章の健康診断「顧客の創造はどうか」のところでも述べたように「買い場」をつくることです。

繰り返しになりますが、

「売り場」とは自分中心の立場で販売することです。
「買い場」はお客様中心で商品を開発し販売することです。

私はよく、次のような自分にあった体験話をしています。

町の靴屋さんに靴を買いに行きました。気にいった靴があったのですが、私の足にはちょっとサイズが小さすぎました。

「この靴、気にはいったので買いたいんだけど、もう少し文数《もんすう》の大きいのはないの」と聞いてみました。

「ないんです。これじゃ駄目かね」との返事でした。

これが「売り場」の現実です。

私はデパートに行き、私の足に合うのがあったので買うことができました。

「買い場」というと場所と思われるかもしれませんが、これは場所というよりお客様が欲しい商品、サービスが、自社にどのくらいあるかということです。

「売り場」を「買い場」に替えていくのです。

「買い場」を増やしていくには、お客様の立場に立った商品やサービスの開発が必要です。

「買い場」づくりは、商品やサービスだけではありません。

社員の応対一つで会社の印象が違ってきます。社員の対応で会社の業績は変わってきます。そういう意味でも人財育成は、お客様への「買い場」づくりに繋がっていることを忘れてはなりません。

経営責任者の真の販売促進は自らがセールスマンになり切ることだ!!

会社を継続発展させるためには、利益を生む販売促進はとても大事な仕事です。

それは、私の体験からもはっきりと言えることです。


私は昭和35年、高校を卒業して上京し、浅草の商事会社に就職しました。

会社の営業マンは、ひたすらご用聞きに励み、電話で注文をとるいわゆるルートセールスをやっていました。

それでは、自社商品の顧客拡大にはならないと思って、営業会議の場で「配送の仕事で終わりたくない。販売戦略は各人にまかせてもらってよいでしょうか」と発言しました。

得意先から注文をもらって納品書を切り、納めるだけなら配送担当者で十分だと考えたからです。

新規の得意先を開拓する、あるいは既存の得意先に積極的に関わって自社商品の売上を増やす、つまり、自社商品の顧客拡大が営業マンの仕事であり、それでこそはじめて会社が伸びるとアピールしたのです。

ところが営業担当部長に「神野君は生意気だ」と言われてしまいました。でも私は、本当のことを言ったまでのことです。

まず私は、一番大きい得意先への深耕作戦を開始することにしました。そこで、どうしたらその得意先の売上が増えるのかを考えました。

我が社にはいい商品がある。それを知ってもらうには担当部長ではなく社長に直接話ができるチャンスを作ろうと動きました。

社長の目につくように動き、ついにその時がきました。売上に貢献する商品の話もしましたが、社長の目にとまるように動いたお陰で「面白い奴だ」と気に入られ、倉庫と店頭の担当をやらせてもらうことになりました。

つまり、私は得意先のスタッフ同然となったわけです。

その3か月後、私はトップセールスマンとなりました。他の会社の製品を排除し、店頭で自社の扱う商品をどんどん売り込んだのです。しかし、ご用聞きに専念している他の営業マンたちには、私の成績がなぜ上がったか分からずじまいでした。

なぜ私がトップセールスマンになったのか、一番大きな理由は社長に会うことができたことです。中小企業の意思決定者は社長です。ここがポイントです。

社員が営業するより、社長が訪問すれば社長同士ということで、すぐに会えます。それが社長の一回の訪問は営業マンの１００回に当たるという意味です。

伸びている会社は、社長がトップセールスマンになっています。

赤字会社では、社長が販売促進の第一線に立つべきです。

自分はセールスには向かないなどと言っている場合ではありません。黒字化のためにはどんなことでもやる責任が社長にはあるのです。

売上は訪問回数に比例するもので、顧客を確保するために社長は定期訪問すべきです。軌道に乗ったら営業マンにバトンタッチすればよいのです。

大変な時こそ社長は使命に燃え、情熱を傾け、使命感に奮い立たなければなりません。

発心、決心、持続心、実践あるのみです。

販売なくして事業なしとの先哲の教えに学び「現場現実現物主義」の実践者たれ!!

「百聞は一見にしかず」との教えがあります。人から話を何度聞くより、一度実際に自分の目で見るほうが確実でよくわかるという意味です。

現場現実現物主義とは、現場に宝の山があるので、徹底して現場主義、現実主義、現物主義を貫くということです。

例えば、製造ラインの効率化によって生産性を高めるといった仕事はもちろん重要ですが、収益は基本的に会社の外にしかないことを認識すべきです。

中小企業の経営者の中には、ほとんど外に出ることなく、やたらと社内の管理や合理化などにせいを出している社長がいます。

しかしそれでは、社長としては半人前です。

社長が外に出てお客様拡大に取り組むことは、腕利きの営業マンに新規開拓を任せるよりもはるかに大事なことです。

マーケティングと新規開拓は社長の専担業務なのです。

それをフォローして最終的に売上に結びつける実務が営業マンの仕事です。

社長の顧客拡大戦略と、営業マンの仕事は、本質的に異なるものです。社長が会社にいて営業マンの尻を叩いているだけではダメなのです。

それでは社長の専担業務を果たしていないことになるからです。

だいたい、社長が会社にいるだけでは、顧客のニーズを知ることができるわけがありません。

顧客のところに出向いていって初めて、まったく知らなかったことが見えてくるものです。

その意味で、社長はぜひ「三現主義」に徹してもらいたいのです。

「三現主義」とは、〝現場に出向き、現物をよく見て、現実を肌で知る〟ということです。


現場に出向かない社長は、現場では今、何を求めているかを知ることができず、変わらず「売り場」づくりの今まで通りの商品やサービスの提供で終わってしまいます。

大事なのは「買い場」づくりです。

顧客のニーズに応えて、商品やサービスを開発して提供する。

そのヒントを現場に行って感じ取ってくる。

現場には、顧客のニーズを知る情報という宝の山があるのです。

宝の山をいかに活用するか。それを考え活用するのは社長です。

社長室に閉じこもりっきりの穴熊社長にはできません。


百聞は一見にしかず!!

現場にこそ、顧客の創造につながる宝があるのです。

そのことを、しっかりと心に銘記しておきましょう。

黒字会社から申是優良会社づくりを目指すのが本筋

黒字を目指すだけの会社は、赤字にもなり経営が安定しません。これは多くの中小企業経営者と関わってきたことで分かったことです。

黒字を目指すだけでは、いったん黒字になると安心してしまい、黒字を継続させる努力を社長が怠ってしまうのです。

会社の存続で重要なのは、黒字が当たり前の会社になることです。

それに対して、私共が推進しているのが「申是優良会社誕生」支援です。商標登録をして取り組んでいます。

申是優良会社とは、税理士が作成した書面を添付して税務申告した際、何かあって意見聴取がある場合は税理士がそれに応じ、それで疑義が解消されれば税務調査が省略されるという制度に基づき、実際に税務調査省略申告是認になった優秀な企業を意味します。

これは経営者にとって、願ってもない恩恵になります。

私共はそれをＴＫＣの会員として取り組んでいるわけですが、私共の事務所では選考基準を定めています。大きく分けて5つ項目があります。

Ⅰ．ＴＫＣ重点活動テーマ5原則に適合しているか。
1．月次の巡回監査をしっかりと受け入れていること。
2．自計化を完全に実践していること。
3．継続ＭＡＳによる経営指導をちゃんと実践断行していること。
4．税理士法33条の2による書面添付で電子申告をしていること。
5．会計要領に準拠していること。
Ⅱ．2期連続黒字決算であること。

会社というのは、良い会社ばかりなのですが、その会社を担う悪い社長が赤字会社を作っています。間違いなく社長の考え方と取り組み方、そして情熱の無さが赤字を垂れ流しています。これを単月黒字は当たり前になるように、私共が支援します。

Ⅲ．債務超過ではないこと。

Ⅳ．社会保険・労働保険に加入していること。

Ⅴ．就業規則があること。

以上が中是優良会社になるための選考基準です。

それで選ばれた顧問先には、中是優良会社表彰状授与式を実施し、私は次のような話をします。

「今日お渡しする中是優良会社の表彰状を、社員の皆さんからよく見えるところに堂々と掲

令和3年 申是優良会社

表彰状

会社名

代表者名

今般御社は平成年度から我々JPA総研経営参与グループがTKC全国会のフロントランナーとして取り組んでいる継続MAS及び税理士法第33条の2に規定する書面添付制度の完全な取り組みで令和3年「申是優良会社」としてその保証業務に値する審査基準を見事に突破されましたのでここに表彰するものであります

今後とも戦略マシーンであるFX4クラウドによる電子申告体制の確立により地域社会を代表する立派なオンリーワン会社としてその模範となって御活躍を実践され国家社会に貢献されますよう心からお祈り致しグループ全社を挙げてここに表彰状を授与致します

令和3年2月吉日

JPA総研経営参与グループ
㈱日本パートナー会計事務所代表取締役
日本パートナー税理士法人代表社員税理士 神野宗介

代表社員税理士 大須賀弘和　代表社員税理士 田制幸雄
代表社員税理士 安徳陽一　代表社員税理士 鈴木忠夫
代表社員税理士 清水幹雄　代表社員税理士 神野宗人
代表社員税理士 奈良信城　代表社員税理士 佐藤重幸
代表社員税理士 宗形清治　代表社員税理士 吉田 哲
代表社員税理士 藤原義仁　代表社員税理士 國井善浩
代表社員税理士 勝又 均　代表社員税理士 本間 聡

げて欲しいと思います。

中是優良会社に選ばれたということは、地域に誇れる存在価値のある会社になったということです。

それを社員の皆さんと共に、誇りを持って頂きたい。

私達も一緒になって後継者の養成から社員教育まで取り組んで参ります。

それがＴＫＣ、顧問先及び取引先への最大の御恩返しであると確信しております。

本日、中是優良会社表彰状授与式のご参加を、心からお祝い申し上げ、今後とも私共ＴＫＣ会員経営参与事務所が強い味方・ベストパートナーとして支援させていただきます‼」と……。


社長にプライドは生まれ、赤字を出さない企業となるのです。

第6章

中小企業経営にとって数字で示す事業判断は経営の成果（利益）にあり!!

コロナ大不況を勝ち抜く最低限必要なのは利益である

第1章から第5章まで、社長がやるべき仕事を中心に述べてきました。

一番伝えたかったのは、会社には経営者である社長にしかできない仕事がある。それを他人任せにしたり、結果が悪いからと言って他人のせいにしてはならないということです。

社長にしかできない仕事というのは、社長が率先してやらなければなりません。

また会社の全責任は社長にあることも述べてきました。

その全責任を果たしているかどうかの審判を下すのが決算書です。

事業の成果は、必ず数字になって出てきます。

どんな言い訳をしても、出てきた数字はごまかせません。

そこで一番に問われるは、利益です。

利益の重要性は、説明するまでもなく経営者は理解しているはずです。

だからこそ利益を上げるために、必死で頑張っている。

ところが、なかなか成果が上がらない。

どうすれば利益を上げる経営ができるのか。

新型コロナ禍の中、政府が推進する中小企業を統合整理する中小企業対策の中、とりわけ利益は経営者にとって大きな関心事であり、悩みどころでもあるはずです。

あなたの会社では、利益が出る取り組みを具体的にしているでしょうか。

年一決算で「赤字になった、さあ大変、どうしようか」などというような経営者では、具体的に取り組んでいるとは言えません。

私共の事務所では、平成15年から始まったＴＫＣの黒字決算割合の向上、創業・経営革新支援活動を、我が事務所の社会的使命の柱として顧問先の黒字化に取り組んできました。

私共が真剣に関わることで顧問先の黒字は約80％となりました。国の統計でみる中小企業の赤字割合は約7割です。

この大きな違いからも分かるように、取り組み方で赤字会社でも黒字になるということです。

その鍵を握るのは、社長、あなたです。

社長の決断と実行で、利益が出る会社に生まれ変わるのです。

経営者が諦めてしまったら、本当に終わりです。

常に数字にこだわり、断固利益が出る会社に変えていきましょう。

中小企業赤字の一番の原因は社長の先行投資意欲減のコスト病にあり!!

赤字は出したくない。

黒字にしたい。

経営者なら、例外なくそう考えて日々の経営に当たっていると思います。

そして会社発展のために、時には先行投資も必要になってきます。

これは社長がやるべき意思決定事項ですので、社長が決めなければなりません。


私がこれまで中小企業の経営者を見てきて、先行投資に踏み切れない社長の多くは、コスト病に陥っていることです。

先行投資なので、それが回収できるのか、先が見えない中で決定しなければなりません。慎重になって躊躇《ちゅうちょ》してしまうのは無理もありません。

しかし結果としてその決断が、後になって赤字を招くことも見てきました。


一つの例として、私の体験を紹介します。

今から51年前、TKC創設者飯塚毅先生のTKC入会説明会に参加したときの話です。

会計事務所がこれから生き延びていくには、どうあるべきかという内容でした。

記帳代行が会計事務所の仕事だと思っていた私達に、「記帳代行ではやがて生きていけなくなるので、そういう人は早めに転職しなさい」とまで言われました。

当時では、本当に革命的な話です。

私は直感的に、この人は本物だ、この人について行こうと思いました。

「入会金50万円」

一緒に参加していた人は、「とんでもない、騙されないぞ」と言って帰ってしまいました。

今ならいくらになるでしょうか。私にはすぐに支払う資金はありませんでした。でも先行投資で入会を決意したのです。

当然のことながら、TKCがどうなっていくかは私には見えていません。見えていませんが、飯塚先生についていく覚悟はありました。

今は入会して本当に良かった、選択に間違いはなかったと感謝しています。


もう一つ。

今の事務所に引っ越す時の話です。

今までの事務所と比べて倍以上の広さがある、そして家賃も今までの倍はかかる。

私は、一緒に事務所を築きあげてきた我が社の7人のサムライに聞きました。全員が反対でした。

「よし、分かった。ならば借りることにするぞ!!」と私は決めました。心の中で7人のサムライには絶対に責任を取らせないと経営者魂を奮い立たせたのです。

お陰で業績は伸びて、こうして事務所も継続できています。

コスト病に罹らないようにするには、やはり日々の経営姿勢が問われるということです!!

業界のこと社会情勢のことなど、即ち、人、物、金、情報、時間、経営資源を正しく分析し、会社を守ることを本気で考え、行動することです。

長期間の不採算部門、赤字部門は社長の決断で切り捨てる

バブル景気はすごかった。社員を募集してもなかなか採用できない。採用を決めても本当に来てくれるか分からない。何としても来て欲しいと、内定者に海外旅行をプレゼントというのもありました。

今では、とても考えられないことです。

バブル景気は平成3年(1991)の2月に崩壊、一気に不景気になりました。その時から令和3(2021)年でちょうど30年になり、今は失われた30年と言われるように日本の経済成長は横ばい状態なのです。

なぜ30年もの間、日本の経済は成長しなかったのでしょうか。
昭和20年、戦争に負けて焼け野原になった日本が、19年後の昭和39（1964）年、東京オリンピックを行うまでになった日本人の底力は、どこに行ってしまったのでしょうか。

日本がバブル崩壊するちょっと前の1989年（平成元年）6月4日、中国で天安門事件が起こりました。北京市の天安門広場に民主化を求めて集結していたデモ隊に対し、軍隊が武力を行使し、多数の死傷者を出した事件です。

それは人道に反するとして欧米諸国は中国に対して経済制裁を行いました。

日本も第三次円借款の凍結など制裁措置を採ったのですが、1990年11月には欧米に先駆けて「中国を孤立化させてはならない」と円借款の凍結を解除します。

経済制裁によって中国投資が落ち込んでいる中、1992年鄧小平は南巡講話で社会主義市場経済を表明し、改革開放へ突き進んでいきました。

それが中国を「世界の工場」と言わしめる経済成長につながっていくわけですが、不景気の中にあった日本企業も、賃金の安さが何よりの魅力となり中国に移転が続きました。

移転先は中国だけではありませんが、中国を中心に生産された商品が、日本で販売、日本の商品と比べて安い。ますます日本製のモノが売れない。日本の経済力が弱まって当たり前です。

また、グローバル化が進む中で株主優先、働く人のことより株主の利益優先するために、少しでも生産コストが安いところに移転する。

そういうことが日本の景気がなかなか良くならない大きな要因になってきたと言えます。

それでも最近は、日本に工場を移す企業も出てきています。

やはり働く人のことも考えて、日本企業はぜひとも日本国内で生産して欲しいと願うばかりですが、バブル崩壊の影響は今も続いています。

危機に陥った中小企業は政府から資金融資を受けて経営を続けるも、一向に景気が良くならないために、赤字が続き返済できないでいるのです。

政府は返済を猶予してきましたが、いつまでもそれを続けるわけにはいかない。それが中小企業対策となって出てきたわけですが、その判断はある意味正しいと言えます。

まさに中小企業は、本当に死ぬか生きるかの瀬戸際に立たされているのです。

その中で生き残るには、ただ一つ、絶対に生き残るという社長の決断と、今まで本書で述べてきた社長の役割、使命を本気で果たすことです。

まずは、長期間の不採算部門を明らかにし、社長の決断でそれを切り捨てる。

その勇気ある実行が会社を救うことになると確信します。

令和不況時の社長の専担業務、それは資金繰りが先で利益計画はあと

会社経営で、社長が苦労するのは資金繰りです。

資金繰りで苦労しないためには、円滑な資金繰りの実現です。

言い換えれば〝健全な財務体質の構築〟です。

例えば、いくら収益力が高くても、売掛金の回収や在庫の適正管理を疎《おろそ》かにしていれば、資金ショートを招くことになります。

それが続けば、黒字会社であっても倒産ということになりかねません。その意味で、財務の健全さを確保することは、顧客の創造と同じくらい大事な社長の仕事です。

また、横文字を使ったキャッシュ・フロー経営が、経営に当たって重要であると叫ばれた時期がありましたが、それは特別な経営手法でも何でもありません。

ひと言でいえば、損益と同様にお金の流れもきちっと把握し、財務の健全さを確保せよ、ということであり、経営のイロハにすぎません。

ところが、かつてのバブル時代などには、その当たり前のことが顧みられないことが少なくありませんでした。運転資金であろうが、設備投資資金であろうが、担保さえあれば金融機関がいくらでも金を貸してくれたからです。

そのため、身の程をわきまえずに大規模な設備投資を行ったり、多角化を図ったあげく、バブル崩壊で多額の借金だけが残って倒産に追い込まれた企業は枚挙にいとまがありません。

資金繰りにしろ、キャッシュ・フローにしろ、その重要性を考えれば、明らかに社長の専担業務であることが分かります。

それを疎かにしては、会社は維持できないばかりか行き着くところは倒産です。

実際にあった話です。

資金繰りを担当者に任せてゴルフに行った社長がいました。

「明日は手形が落ちる日なので、ちゃんとやっておけよ」

「私では、銀行がウンと言わないんです」と担当者は訴えても、

「お前の力だったら、やれるだろう」と言って、その日はゴルフに行き帰ってきませんでした。

結果、手形が不渡りになってしまいました。

その事実を知った社長は、怒りました。

「お前に任せたと言っただろう」と。

でもそれは、無理な話です。

部下に任せられる仕事と、任せてはいけない仕事があるからです。

資金繰りは、社長がやらなければならない仕事です。

その大事さが分からない社長でした。

確かに、事業経営では、売上、利益向上は必要です。

しかし、なんぼ元気よく営業をやった、人が揃った、これから億だ兆だと売上を目指しても、資金繰りが整わなければ途中で下車するしかなくなります。

売上、利益計画の前に、必要なのは資金繰りなのです。

これが経営に当たっての重要なベーシックです。

それなのに、資金繰りを甘くみている経営者が、結構多いのが実情です。

だいたい会社を潰す経営者はそういう人です。


資金繰りも、販売も、人事異動も人財の育成も全部社長の仕事です。

資金繰りあって経営あり!!　なのです。


私の頭の左側には、資金繰りが全部入っています。

悪くなった場合でも、良くなった場合でも、常に資金繰りとマッチングさせて経営を考えています。

会社でいう資金繰りは、人間でいう血液に当たります。

私は心臓の病気をやったのでよく分かります。

我々は限られた資金の中で、頭を回転させて資金繰りをやっています。

家計でも同じです。資金繰りがあるから贅沢もできる、資金繰りがないから節約をしなければならないとなるわけです。

資金繰りは、経営のベーシックです。日頃から資金繰りに困らない会社づくりが何より必要だということです。

健全な財務体質の構築と資金繰り改善の実践

資金繰りで苦しまないようにするには、資金繰りの改善を図る必要があります。

毎月の経営状態を確認しながら、まず資金の出入り（資金収入、資金支出）をきちっと把握することです。

それを表すのが次ページの図です。

この中身をよく吟味して、資金繰りに詰まる原因がどこにあるのかを追及し、その対策を検討する、というのが資金繰り改善の基本的な手順です。

（注1）「経常収入」：売上代金や受取利息等の営業外収入の入金で、借入金の入金や固定資産の売却代金等は含まない。

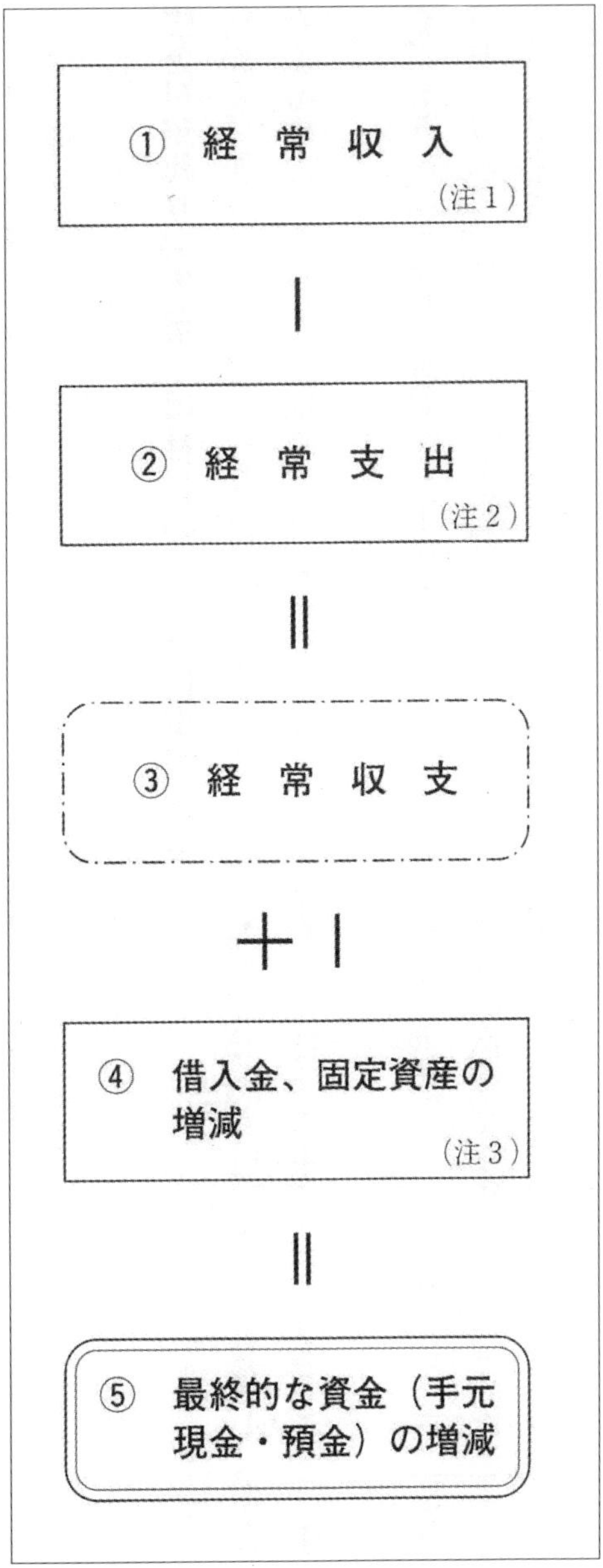

（注2）「経常支出」：仕入代金や製造原価、人件費等の経費の支払い等で、借入金の返済や固定資産の購入代金等は含まない。

（注3）借入金の増加及び固定資産の売却は経常収支にプラスし、借入金の返済及び固定資産の取得は経常収支からマイナスする。

右の資金の流れ図からわかるように、資金繰り改善の要諦は、次の2点です。

Ⅰ「③経常収支（経常収入−経常支出）」を黒字にし、かつ増やすこと

経常収支を増やすポイントは、以下の2点に集約されます。

1、適正な利益の確保

企業が稼ぎ出した利益が、資金の最大の源泉であることはいうまでもありません。適正な利益を確保するためには、「売上の拡大」「変動費の削減（限界利益率の向上）」「固定費の適正水準の確保（ムダ・ムリ・ムラの排除）」の三つの視点から対策を講じる必要があります。

2、運転資本の圧縮

特に、掛売りが主で、かつ、常に一定の在庫を持たなければならない企業の場合、一般的には、売掛金が回収（現金化）、あるいは在庫商品が販売・代金回収されるまでの間の資金が必要になります。そのような調達をしなければならない「運転資本」を最小限に抑えることが、資金繰りの悪化を防ぐ大事なポイントの一つです。

運転資本は、貸借対照表から把握することができます。

すなわち、{売上債権（売掛金、受取手形等）＋たな卸資産（商品、製品、原材料等）}から買入債務（買掛金、支払手形等）を差し引いたものです。

運転資本を減らすためには、売掛金管理（取引条件の見直しや不良債権のチェック等）や在庫管

理等を徹底し、売上債権とたな卸資産の圧縮、買入債務の適正水準の維持を講じる必要があります。

Ⅱ「④の設備投資（固定資産の取得等）」、借入金の返済を「③経常収支」の範囲内に抑えること

設備投資、借入金の返済は、経常収支の範囲内に納めることが大切です。

もちろん、ビジネスチャンスを逃さないために、設備投資の一部を借入金でまかなう局面もあるでしょう。その場合は、次期以降の借入金の返済額が、予想される経常収支の範囲内に納まっていることが重要です。

企業を守る最後の防波堤である「自己資本」を充実させよ！

財務構造の健全さ（安定性）の確保という点では、「自己資本」を充実させること、すなわち「自己資本比率（自己資本÷総資本）」を高めることも忘れてはなりません。

これまで日本の中小企業は、資金調達の多くを金融機関からの借入金に頼り、自己資本の充実を怠る傾向にありました。

しかし、自己資本は、いわば倒産という大波から企業を守る最後の防波堤であり、できるだけ

強固にしておく必要があります。例えば自己資本比率が10％台といった脆弱な状況では、はなはだ心もとないといえます。

もちろん、業績が順調であれば、利益の蓄積によって自ずと自己資本は増えていきますが、経営には不測のリスク（取引先の倒産など）がつきものです。

それに備えて、また、「企業格付け」アップの観点からも、増資を行う、遊休資産を処分して借入金を返済し、総資産（総負債）を圧縮する、社長からの借入金を資本に振り替えるなどの方法によって、自己資本を極力充実させておくことが大切です。

なお、自己資本比率はどの程度あればよいのかは一概には言えませんが、少なくとも30％以上はほしいところです。

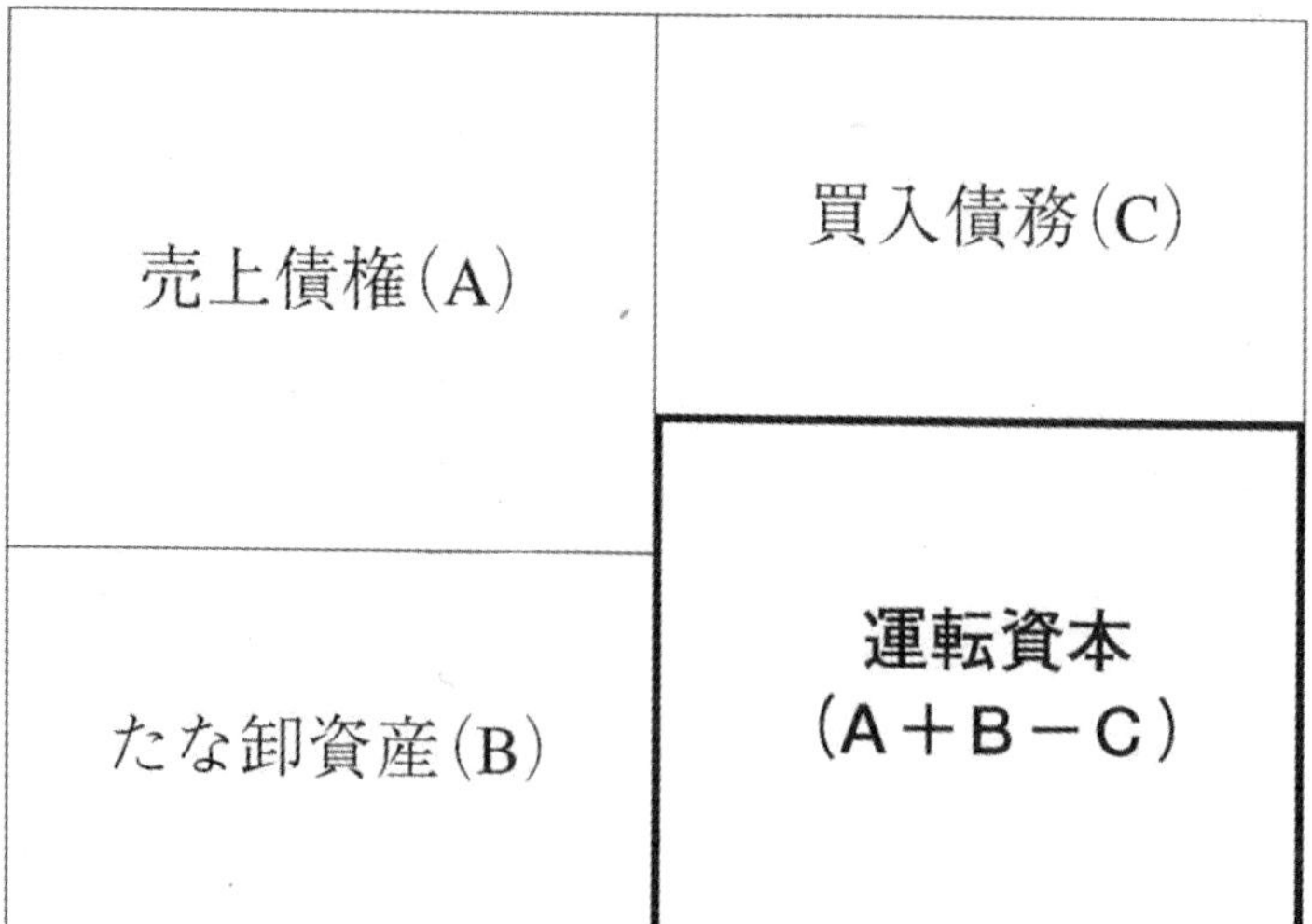

今こそバランスシート経営の実践をせよ!!

バランスシート（貸借対照表）は、会社の資産と借金がどのくらいあるのかを示すもので、会社の財務内容、財務体質が分かります。

人は体質が悪ければ病気になり悪化すれば死に至ると同じように、会社も財務体質が悪ければ倒産してしまいます。財務体質をどう改善するのか、それを考えるのがバランスシート経営です。

経営者にとっては言わずもがなでしょうが、バランスシートは左側に資産、右側には負債と純資産を記します。

資産とは、集めたお金をどのように運用・保有しているかを表し、負債と純資産は、そのお金をどのように集めたかを示しています。

資産＝負債＋純資産　となります。

バランスシート（貸借対照表）

○年○月○日現在　　（単位：円）

資産	負債
流動資産	流動負債
固定資産	固定負債
有形固定資産	
無形固定資産	**純資産**
投資其の他の資産	株主資本
繰延資産	評価・換算差額等
	新株予約権

体質を見るのは、予定の支払いができる財務体質になっているか、安定した経営をやっていける財務になっているかです。

例えば流動比率、短期的に支払いである流動負債に対して、短期に現金化できる流動資産に対してどの程度の比率（％）かを示すもので、流動比率＝（流動資産÷流動負債）×100で計算できます。

流動資産が多く、流動負債が少なくなれば、比率が大きくなり支払いには困らないことになります。

100％を切ると苦しくなります。これは簡単に理解できると思います。

固定比率は、自己資本に対する固定資産の割合で、長期的な会社の安全性を分析できます。自己資本がどこまで固定資本を支えているかということです。

固定比率＝（固定資産÷自己資本）×100で計算できます。自己資本が多くあれば、比率は低くなり、100％以下なら、自己資本で資金調達をしていると判断できます。

固定長期適合率＝固定資産÷（自己資本＋固定負債）×100で計算できます。

固定比率に固定負債が計算に加わっています。

固定負債は固定資産をカバーする負債で、設備投資とか先行投資とか長期前払い費用などで、固定資産が安定した資金（固定負債）で賄えているかを表します。

固定長期適合率が100％だと、とんとんです。下回れば健全な財務状況だと判断されます。逆に100％を超えるとマイナスになり要注意、マイナスが50％（比率では150％）になれば危険です。少なくとも50％を超えない財政の体質にならなければなりません。

バランスシートは、今までの経営の結果です。

そこには社長の性質が良く表れます。会社の生死を分ける資金繰りに対して、社長がどこまで真剣に考えて経営をしているかということです。

赤字を解消するには利益を出すことです。

しかし資金繰りに真剣に対処しない社長は、借入金に頼ったり資産を売却したり、社員を削減したりする。それが悪循環となって財政が悪化するのです。

それは経営の責任者である社長が、自己資金拡大の努力を怠ってきたということなのです。

その体質を断ち切らなければなりません。

そうでなければ、益々借入金が嵩《かさ》み、自分の首を絞め続けることになります。

それを解決する方法は、販売なくして事業なし!!

社長が率先してお客様の所を訪問することです。

本書の目的は、会社を存続させ、社会的に存在価値のある会社にすることを願って書いたものです。

社長が、変わるしかありません。

第7章

さあ新型コロナ禍本番の今
中小企業の経営者として利他の心の実践者たれ!!

社長として終戦直後の様相からいかに抜け出すかが問われる時が?!

新型コロナによって、多くの中小企業は大打撃を受けています。明日、倒産してもおかしくない会社もあると言えるくらい苦境に立たされています。

昭和20（1945）年8月、日本は終戦となり国全体がまさに廃墟となってしまいました。

その当時私は4歳です。うっすらと記憶にありますが、終戦直後の様相と言ってもどういう状態なのか、もう分からない人が多くなっていると思います。

まして世界の中でも恵まれた日本において、戦後の様相を想像せよと言っても無理かもしれません。

しかし倒産は現実問題として起こっています。

起こったらどうなるか。財産や住む家はもちろん、時には家族の命を失い、まさに貧乏のどん底に落とされてしまうのです。

その苦しさに耐えかねて自殺ということもあるわけです。

再度、繰り返します。

現在は、コロナ禍本格化の真っ最中です。

初期において調達した資金の返済猶予期間もなくなります。

そこに政府の中小企業対策、すなわち統合整理により、2、000万人もの人が職を失うことになるかもしれないのです。

また7月に決定した最低賃金28円アップも、中小企業にとって大きな負担になります。

さらに菅政権は、基礎的財政収支（プライマリーバランス）を2025年度には黒字化を目指すと発表しています。この経済状態の中でプライマリーバランスを黒字化する政策があるなら早く出して欲しいと思います。しかし私には、中小企業に対する風当たりはむしろ強くなっていくように思います。

なかなか経済の明るい見通しはありませんが、コロナワクチンの接種によって経済はV字回復する予想もあります。

例えば業績相場（好況を背景に企業業績の向上を見込んで株価が上昇すること）へ移行すれば株価は上がると言う予想です。

株価のことですから、それがどこまで中小企業の景気にプラスになるのかは不明です。

どちらにしても会社を守らなければ、社員と社員の家族をどん底に突き落とし、取引業者様にも迷惑をかけることになります。

私は中小企業の一人の経営者として、中小企業が倒産する姿を見て見ぬふりはできません。いまからでも手を打てばそれを防止できるのです。

60年間の仕事の実績から、私はそれを確信しています。社長が何としてでも社員と社員の家族の命を守ると決意し、経営計画書をつくり実践すれば、間違いなく会社を守ることができ、社員の喜ぶ姿も見ることができます。ということで今一度、社長業とは何なのか、第2章で取り上げた経営の本質とは何なのかを確認したいと思います。

会社を存続し続けるために経営者がやるべきことの再確認

飯塚先生から学ぶ経営の本質、今こそそれを真似て実践する時が来ました。それを分かり易く箇条書きにまとめて説明しましょう。

事業の本質は事業の継続・ゴーイングコンサーンです。
↓
誰が会社を継続させるかと言えば、中小企業の場合それは間違いなく社長です。
↓
会社が継続できるには、利益が必要です。
↓

利益を上げることで会社は、税金を納め社員の生活を守ることができます。
（社会的、国家的役割の遂行）
←
利益を誰が生んでくるかと言えば、社長は当然ですが社員です。
←
その利益を誰がもたらしてくれるかと言えば、お客様です。
（お客様第一主義、お客様があって事業は成り立つ）
←
それらをどう展開していくのか、具体的目標が必要になります。
（5年後、3年後、1年後の経営計画書を作成）
←
「儲かる仕組み」と「やる気の土俵づくり」のマッチングが重要です。
（働き方改革ではなく働き甲斐改革）
←
販売の鉄則は利他の実践、自利とは利他をいう。
（お客様へのお役立ち、必要とされる存在価値のある会社になる）
←
利益は、正当に配分する。

（税金、人件費、資金繰り等、会社の体質を強くする）
←
利益拡大は経営の安定に寄与し、赤字を出さない優良会社に成長します。
←
優良会社になることで、地域を代表する存在価値のある会社になります。
（社長はじめ、全社員に誇りが生まれます）
←
会社を継続発展させるには、常に社長が時代の先を見てビジョンを描き続ける。
（ビジョンなき組織は崩壊します）
←
ビジョンは、会社が進むべき方向を示す案内板、船で言えば航路図です。
←
案内板の先には会社の継続があり、社会的使命を果たし続けることができる。
←
その責任を背負っているのが社長です。
←
社長業の実践がゴーイングコンサーンに辿《たど》り着きます。

以上、順を追って経営の本質に関わる事柄を並べてきましたが、どれをとっても全て連動していることが分かります。

あとは、これをどう実現していくかということになります。

社長として何をやるのか8つの項目をチェックする

では具体的に、経営者は何をしたらいいのか。私共は経営参与事務所として顧問先を訪問した際、社長に経営参与報告書を見てもらいながら話をします。

その中に、社長がやるべき仕事が網羅されています。

私共の事務所の内部資料ですが、大いに参考になるはずですので、そのまま8つの項目を紹介することにします。

ご自分でも、チェックしてみてください。

1. 経営者として、未来経営（ビジョン経営）が必要不可欠であるとの認識の下、3年後、5年後を見通した次期の経営計画を自ら立案し、ＪＰＡ経営参与事務所と共にその実践を行おうとしていらっしゃいますか。

2. 経営者として、事業は人なり組織なりとの成功経営の哲理を踏まえ、社員を幸せに導くため、社員の働き甲斐改革を推進するためＪＰＡ社労士法人に、その実現のための相談を依頼されていらっしゃいますか。

3. 経営者として、販売なくして事業なしとの会社経営の原点である先哲の教えに従い、営業活動の最高責任者として自覚を持ち取り組んでいらっしゃいますか。

4. 経営者として、資金繰りを常に考え、自ら最高責任者として資金繰り表を作成し、銀行、社長、ＪＰＡ経営参与グループと三位一体で取り組み、万全を期すバックアップ体制の確立に取り組んでいらっしゃいますか。

5. 経営者は危機管理業そのものであると昔から言われています。我々ＪＰＡ経営参与グループと一緒に人的財産の防衛（生命保険）、物的財産の防衛（超リスマネ保険）の完全損保を実施していらっしゃいますか。

6. ハッピーエンディングノート作成は人生１００年時代を有意義に過ごす指針であります。その実現のためＪＰＡ行政書士法人と継続関与契約を結び、その成功のためのマネジメントを継続的に受けていらっしゃいますか。

7. 今後の事業承継、経営再編に向け、自社内からの後継者の選定、育成等、その他人格承継によるM&Aも視野に入れ真剣に企業存続を考え、JPA総研経営参与グループの提案を受け検討していらっしゃいますか。

8. 人財は企業の宝、日本パートナーバンク21を通してその人財確保のための募集広告、面接、採用決定までの提案を真剣に検討していらっしゃいますか。

いかがでしょうか。社長がやるべき仕事がより明確に把握できるはずです。

社長としての正しい姿勢は常にワンマン経営にあり!!

経営者がやるべき8つのことを見て、どのように感じられたでしょうか。なるほど、これが社長としてやらなければならない仕事なのか、と思っていただけたら幸いです。なぜなら、それによって会社が良くなるからです。

不易《ふえき》流行という言葉があります。

「不易」は、いつまでも変わらないもの。変わらないというのは変えてはならないということです。「流行」は、変化していくものです。

社長には、決して変えてはならないことがあります。

それは、経営者の「勇気ある意志決定」です。

勇気あるとは、責任を持つということです。

責任を持つとは、人のせいにしないことです。

ワンマン経営というと、全く人の意見を聞かない、好き勝手なことをやる、我がままを通すような印象を持つかもしれませんが、それは大きな誤解です。

ワンマン経営は、腕力シップにも通じています。

ワンマン経営も、こっちに行くという経営者の強い意志決定がなければできないからです。

社長は「やるべき仕事だからやる」という程度の義務感では、まだまだ本気度が足りません。

私が社長に強く望むのは、社長としてやり抜くという「勇気ある意志決定」のもとで経営をして欲しいことです。

ワンマン経営とは、社長として経営の全責任を持ち、衆知を集め、主体的意志決定のもと、利他の心の実践者として、会社を思い、社員を思い、顧客を大切にする経営を実践するということです。

それが社長としての正しい姿勢のワンマン経営です。

経営ビジョン（未来像）を確立し内外に明らかにする

未来経営すなわちビジョン経営は、社長のビジョンが全ての出発点になります。そのビジョンが会社を創造することになるからです。

ビジョン経営の重要性は前に述べた通りですが、もう一つ大事なことがあります。それはビジョンを内外に明らかにすることです。

有言実行という言葉があります。

言っていることと、やっていることが違えば社長が恥をかきます。

逆にビジョンを実現すれば、社長の評価も会社の評価も上がります。

銀行からの信頼も得ることができます。

世間から評価されることは、会社にとっても社員にとっても大きな意味を持ちます。

なにも威張り散らすためではありません。

世間の評価が会社の存在価値を高めるのです。

その存在価値が、会社をさらに発展させます。

ビジョンを実践断行するのは、トップである社長ただ一人です。

他の人間はやりません。

社長の有言実行が、会社を創造していきます。

業績の不振、赤字の原因はいつの時代も常に社長にあり

結果には必ず原因があります。

業績の不振や赤字にも、原因があるわけです。

当然、景気の状況で業績が不振になることもあります。特に今回の新型コロナの影響は経済にも深刻な打撃を与えています。


そういう状況を知ったうえで、業績の不振や赤字の原因はいつの時代も常に社長にあり、と私は言って自分にも気合いを入れるのです。

「無茶な事を言うな」と思われるかもしれませんが、世の中は常に景気、不景気があります。その都度、環境のせいにしていて会社は良くなりますか。

良くなる前に、倒産ということもあり得ます。

なぜ私が、赤字など会社の業績が上がらないのは「常に原因は社長にあり」と断言するかと言

えば――会社は、いつ、何が起こるか分からないので――日々の経営の中で会社を経営的に強くしておく必要があるということです。
それを行うのは社長です。

会社の業績不振を、社長が環境のせいにした瞬間、業績不振の問題は社長自身の問題でなくなってしまいます。

会社を良くするのも悪くするのも社長ですから、そんな社長のもとでは会社を良くしたいと頑張る社員もいなくなり、常に会社は業績不振に陥ってしまいます。


前述した「勇気ある意志決定」と同じように、「問題の責任は自分にあり」と受け止めた時に、解決すべき問題は自分の問題となり本気で取り組むことができるのです。

伸びる会社と伸びない会社の違いは、問題を自分のものとする社長がいるか、いないかの違いで決まります。

業績の不振や赤字に限らず、人財の採用や育成、資金繰りは、社長自身の仕事であり、社長自身の課題なのです。

そのことから社長は、決して逃げてはいけません。

人財の採用と育成の最終責任は社長にあり!!

会社と社員は、雇用関係で結ばれています。

しかし会社は、雇用関係で示された雇用条件を叶えればそれで終わりではありません。

雇用条件には出てこない、社員の心を満たす、喜びや充実感、達成感をいかに持ってもらえるかという生き方に関わる大事な役割があるからです。

私達中小企業は、単に会社を経営しているだけではありません。

社員一人一人の生活、命を預かっています。

預かっている以上は、社員に幸せになって欲しい、有意義な人生を歩んでもらいたいと願うのは、社長として当然の思いやりです。

それが利他の心の実践であり、会社の自利、即ち業績に結びついていくわけです。

かの松下幸之助さんも、「松下電器は人をつくっています」と言っていました。

事業は人財の発掘、そして育成です。

私共が行っている働き甲斐改革もそれに当たります。

働き甲斐は、他人から押し付けられて生まれるものではありません。社員自ら心が動いてこそ生まれてくる気持ちです。その心を動かす最終責任は社長にあり、なのです。

「事業は人なり組織なり」の決め手は、優れた社員教育にあります。私共の事務所で行っている人財育成につながる2つを紹介します。

多くの経営者は、当然のことですが社員に経営者と同じ意識を持ってもらいたいと願っています。問題は、それをどうやって実現するかです。

その一つとして戦略MG（マネージメントゲーム）があります。

西順一郎氏が開発したもので、参加者が経営を学ぶゲームです。

6人1組で行い、全員「社長」として参加します。参加者の性格がよく表れ、それによって打つ手も変わってきます。

結果が数字に出るので経営の実践が学べ、そして勝つ経営を覚えます。

やれば間違いなく、社員の意識が変わり経営者感覚も身につきます。

お声があれば指導いたします。

もう一つは、SMI（サクセス・モティベーション・インスティチュート）です。

創立者はポール・J・マイヤー。人は目標を設定することで、それが動機づけとなり目標達成に向かって行動するようになる。その際、人々の潜在能力を最大限に発揮させることができれば目標は達成できる。ということで、その能力をどう引き出していくか教えてくれます。

私共の事務所では、「$2万5000ドルのアイデア」という縦113ミリ、横67ミリの小さな記録帳を作りSMIを活用しています。

その記録帳には、今日、今週、今月、今年の目標、夢の大目標を書けるようになっています。自分の目標とすること、行動すべきことなどを書き留めていきます。

この書き留めることが非常に重要です。なぜなら、それが次の行動予定に結びついていくからです。

心で思い描いていることを文字にすることで、それがより鮮明になって実現するのです。

私は、毎日使って思いを実現させています。

疎《そ》にしてヒューマンコミュニケーションを忘れず

私共の事務所では以前からテレビ会議をやっていたので、リモートはさほど驚くことではありませんでしたが、それによって大事なことが見落とされてしまうのではと感じています。

確かにリモートは、場所を選ばず、仕事ができるので便利です。

社員の出勤を限定したことで、事務所を縮小し経費削減をした会社もあります。

リモートのお陰で、今までより多くのお客様と話ができるようになったという人もいます。

一方で、誰とも会えずにいることで精神的に不安になり、心療内科を訪ねる人が増えているニュースもあります。

孤独の現象は、日本で大きな問題になっています。引きこもりで言えば、学校に行けない若い世代だけではなく働き盛りの人達も増えていて、両方合わせると110万人を超えています。


人には心があり、便利さやリモートでは満たされないことがあります。

人はやはり、人と人との直接のつながりは必要だと考えます。

リモートでは伝わってこない、人の心を動かすものがあると信じています。

それがヒューマンコミュニケーションです。

顧客の創造も、お客様に必要とされることも、社員育成も、その根底にはヒューマンコミュニケーションがなければうまくいくものではありません。

私はリモートを活用しますが、決してリモート任せにはしません。

3密は避けますが、ヒューマンコミュニケーションを大切にします。

直接人に会う、長い時間でなくてちょっとの時間でも会う、電話でもいいので声をかける、感染防止を徹底しながら、そういうことはできるからです。

疎《そ》にしてヒューマンコミュニケーションを忘れずとは、疎が時の要請であっても決して人を中心としたコミュニケーションは忘れないということです。

私共の事務所には、人と人の心の結びつきを大事にするＪＰＡ同志賛歌があります。全員が暗唱でき、この思いを共有しています。参考に紹介します。

ＪＰＡ同志賛歌

同志とは　熱き血潮と情熱を
　　ともに誓える仕事の仲間
同志とは　流す涙も苦しみも
　　ともに耐えつつむすぶゆく心の友
同志とは　喜びも悲しみも
　　ともに語り合える人と人
同志とは　いのちの全てをかけても
　　悔なく目的に精進する友と友

人と人との関係づくりで求められる社長の５つの顔とは?!

いろいろ社長としての役割、何を為すべきかを述べてきました。

どれをとっても重要なことばかりで、責任の大きさがよく分かります。

それだけまた、社長としてはやり甲斐があるというものです。


よくよく考えてみると、社長が為すべき仕事の全ては、人と人との関わりで成り立っています。

元気な社長を観察すると、人と人との関係づくりが実にうまいことが分かります。

そういう社長になれたら、社長の風格が一段と増すことになります。

それを自分のものにするのが、５つの顔です。


その第1の顔は、威風堂々たる町医者の顔です。

「あの社長にまかせておけば安心だ」と誰もが感じる、いわば〝安心感を与える顔〟が経営者には必要です。

例えば注射を打つとき「これドイツの薬で3万円します。効き目がありますよ。打ちますか、打ちませんか」と聞いてから打ちますか。聞かないです。「はい、腕を出して」と言って打ちます。

そして「薬を出しておきますから、お大事にしてください」で終わりです。

人に聞くということは、自分は責任をとらないと言っているると同じです。自分が責任を持って町医者の態度で堂々を言い切ることが、相手に安心感を与えるのです。

第2の顔は、易者の顔です。「あの社長のいう商品、製品やサービスは間違いなくニーズがある」と思わせる〝先を読む顔〟即ち先見力あふれる顔です。

先が見えない中にあって、「その道は間違っている。こっちの方が正しい道だ」という先を読む態度が経営者には必要です。易者の態度で自信をもって方向を示すのです。

第3の顔は、芸者の顔です。取引先に「あの社長は口が堅い」と信頼され、「自分のことを本当に思ってくれている」と、2人っきりで別室で話ができる芸者さんのような顔。そして取引先や社員からの信頼が得られるという〝親近感を持たせる顔〟も経営者には必要です。

第4の顔は、学者の顔です。預言者であると同時に、学問的裏付けを持っていることです。「あの社長はよく勉強している」という、いわば〝尊敬の念を与える顔〟です。尊敬もされない社長では、取引先も逃げてしまうでしょう。

お客様が訪ねてきた時には、専門書を読んでいるとか、「よく勉強していますね」と言われるようになりましょう。

第5の顔が、人を惹きつける役者の顔です。説得力が重要になるプレゼンテーションなどの場では、演技力に長けた役者のように、〝人を惹きつける顔〟が経営者には必要です。

いかがでしょうか。自分でやるとなると難しいでしょうか。

どんなことでも、どんな人でも必ず最初があります。大事なのは一歩踏み出すことです。一歩踏み出して実践を続ければ、5つの顔が自分のものになっていきます。

中小企業経営は常に闘いなり!!

中小企業の経営は常に闘いです。

闘いというと、敵は外部にいると思われがちですが、一番の闘う相手は自分自身です。

そのことを経営者である社長が思い違えると、問題の解決にはなりません。

解決にならないだけでなく、むしろ業績を悪化させます。

飯塚先生は「我国の中小企業の経営者は、行ったり来たりの経営者が非常に多くいる。年がら年中、頭の中を問題が占領し優柔不断になっている」と言われ、そういう経営者に対して、「あなたは経営の停滞を楽しんでおられるのか」というふうに言われるそうです。

するとその経営者は嫌な顔をするそうですが、ならば何でもっと経営に集中しないのかと問われるそうです。行ったり来たりは、明らかに自分との闘いに負けている経営者の姿です。

では、自分との闘いにどう勝っていくのか。飯塚先生は「経営の本質」の講演の中で、その参考になる話をされています。

その一つが、社長自身が我が社の短所長所を10項目以上書き出し、それを社員の目にも止まるようにして改善を図ることです。

書くということで、現状をしっかりと把握できます。ここが大事です。危機感のない状態から、危機を感じるようになるからです。

書き出したら、伸ばすべき点は更に伸ばし、改善すべき点は改善していく。

これは会社改善の方法ですが、実践することで自分に負けない社長となり、腕力シップの大事さを実感するはずです。

もう一つ、1週間に2点、どんな点でもいいから会社の改善をやることです。これは品質管理の手法ですが、社長自身がやるのです。

1週間に2点は簡単のように感じますが、本当に会社をどうするかを真剣に考えなければ改善点は出てきません。

しかし実践し気がつけば1年間に100項目もの、例えば、従業員に対する接し方、お客様に対する接し方などいろいろあるでしょうが、間違いなく改善されます。

自分に負けない社長、やればできるという腕力シップが身につきます。

自分に負けない社長とは、
業績悪化を社会のせいにしない。

社員のせいにしない。

問題を他のせいにしない。

それは、問題を自分のこととして受け止め、取り組むことです。

決断を迷うというのは、失敗の責任をとりたくない気持ちの現れです。責任逃れは、社長が自分に負けている何よりの証左です。

困難な時こそ、社長が自分に負けずに頑張る。

それが更に自分を磨き、会社を守り成長させるのです。


もう一つ、飯塚先生の講演の中で出てきた言葉を紹介します。

発展する経営の5つの条件の5番目に「経営の主体（社長）が捨て身で働くこと」を挙げています。その言葉に続けて「頭《かしら》とならんと思う者は僕《しもべ》となれ」（『聖書』）を紹介しています。

真に社長と言われるためには、従業員の僕《しもべ》となるほどの人間でなければならない、というのです。

やはり経営の全ては、社長にかかっていることを実感します。

新型コロナ禍が、第6波、第7波と続くようです。
それを乗り越えるのは、社長自身が自分に負けないで経営に取り組むしかありません。
必死で会社を守り、社員と社員の家族の命を守り切っていきましょう!!

おわりに……社員と社員の家族の命を守り人生を意義あるものにする
利他の心で経営を実践しよう

売上を伸ばし社会的にもしっかりとした会社を作りあげた経営者は、

「私は、運がよかった」

「人に、恵まれました」

「逆境が、今の私をつくってくれました」

と、言われます。

創業者であっても、多額の借金を抱えて社長を引き継いだ二代目、三代目でも同じです。

と言って、突然会社が良くなる訳はなく、そこに辿《たど》り着くまでには、いろんな困難や苦労、病気などの危機を乗り越えています。

その鍵を握るのは、素直さと、人知れぬ努力ではないかと私は体験的に思います。

学生時代、恩師の富岡幸雄中央大学名誉教授に「よくお前のような者が、うちのゼミに入れたな」と言って六法全書で頭を叩かれました。そうした先生の叱責に耐えられなかった仲間はゼミを去りました。

またＴＫＣ創業者、恩師の飯塚毅先生には、「記帳代行で飯が喰えると思っている馬鹿な税理士がいかに多いか?! 早く転職しなさい!!」と皆の前で大声で言われました。それを聞いて、去った税理士も多くいました。しかし私は去りませんでした。

それはお袋の「いいか宗介、誰にも負けない努力をするんだぞ」と教えられていたからです。恩師もまた、同じことを言って私を励ましてくれました。

そして合気道の達人、佐々木将人先生には、武士《もののふ》の心、武士道業務の立場なのだよ。大切な人を命に代えても守ることを忘れるなと教わりました。私はいま「寄り添いザムライ」の実践者として先生の教えを守っています。

こうした教えを、私は素直に信じて努力を怠りませんでした。

何も、自慢をしているのではありません。

その結果、何を得たかというと、人生の充実感です。

これは、何ものにも代えがたい人生の喜びです。

「努力は必ず報われる」という言葉は良く聞きます。確かにそうですが、報われるまでには時間がかかり、時には結果として報われない場合もあります。

「運がいい」という言葉も良く聞きます。確かに、そう思える人と、思えない人がいます。

その差は何でしょうか。

人知れぬ努力をしているかどうか、もっと厳しく言えば「誰にも負けない努力をしているかどうか」で、努力の果実も、運も、違ってくるのではないでしょうか。

経営を演奏に例えて言えば、一人で演奏するもよし、オーケストラで演奏するもよし。どちらを選ぶかは社長の考え次第です。

私は中小企業の経営者としてオーケストラを選びます。みんなで努力し、励ましあって一つの目標を達成する。その喜びをみんなで共有し、成果を分かち合うことができるからです。

そうすれば全員とも、努力が報われます。

一人一人の人生を無駄にしない経営。

社員の人生を意義あるものにする経営。

やっぱり、その鍵を握っているのは社長ではないでしょうか。

最後に幕末の蘭学者・佐藤一斉先生の哲学的心の檄を紹介します。

一灯をひっさげて暗夜をゆく
暗夜の暗きことを憂えるなかれ
ただ一灯を信ぜよ！

しからば一灯とは何か。それは恩師故飯塚毅先生の教え「自利利他」であり「光明に背面なし」の二大哲理であると確信します。

神野宗介

JPA総研経営参与グループ　沿革

昭和41年	神野税務会計事務所 創設
昭和51年	株式会社日本パートナー会計事務所 設立
昭和60年	郡山事務所 開設（所長 宗形税理士事務所）
昭和61年	神田事務所 開設（所長大須賀税理士事務所）
平成 2年	多摩支社 開設（所長 田制税理士事務所）
平成 3年	福島事務所 開設（所長 安徳税理士事務所）
平成 5年	JPAあだたら研究所 開設
平成 7年	パートナー税理士職員70名
平成 8年	創立30周年 代表取締役会長 神野宗介 就任 代表取締役社長 田制幸雄 就任
平成 9年	中小企業家・資産家のための悩み事よろず相談所 開設
平成13年	創立35周年 横浜支社 開設
平成14年	日本パートナー税理士法人 設立 代表社員税理士　神野宗介
平成15年	日本パートナー社会保険労務士法人 設立
平成16年	現住所へ本社 移転 JPAむさしの研究所 開設
平成17年	日本パートナー行政書士法人 設立
平成I9年	渋谷支社 開設
平成21年	吉祥寺支社 開設
平成22年	二本松支社 開設
平成23年	代表取締役社長　大須賀弘和 就任
平成24年	仙台支社 開設
平成25年	ホノルル支社 開設
平成28年	創立50周年
平成30年	ホノルル支社 移転
令和 元年	立川支社 移転
令和 2年	取締役社長　安徳陽一 就任
令和 3年	株式会社日本パートナー会計事務所を改め 株式会社日本パートナー経営参与事務所に商号変更

事　業　所	本部、立川、横浜、渋谷、郡山、 福島、二本松、仙台、ホノルル JPA あだたら研究所、JPA むさしの研究所
関 連 企 業	日本パートナー社会保険労務士法人 日本パートナー行政書士法人 株式会社 JPA 国際コンサルタンツ 株式会社 JPA 総合研究所 株式会社パートナーバンク 21 株式会社 JPA 財産クリニック 一般社団法人危機管理コンタルタンツ
所 属 団 体	東京税理士会・東京地方税理士会 東北税理士会・税務会計研究学会 日本租税理論学会 日本中小企業家同友会 中小企業研究学会 租税訴訟学会 TKC 全国会・社会保険労務士会・行政書士会 JPA 総研グループ友の会・オンリーワンクラブ JPA 志士の会 不撓不屈の会

JPA 総研経営参与グループ　会社概要

叡智と勇気と情熱の飽くなきチャレンジ精神と
鉄の団結で取り組むプロ集団

経営理念	自利利他の実践 当事者意識の貫徹 不撓不屈の精神 生涯勤労学徒である おもてなし業に徹する
社　　名	日本パートナー税理士法人 株式会社 日本パートナー経営参与事務所
創　　業	昭和 41 年 2 月
本　　社	東京都千代田区神田駿河台 4 丁目 3 番地 新お茶の水ビルディング 17 階
代 表 者	JPA グループ代表 税理士 神野宗介
代　　表	株式会社 日本パートナー経営参与事務所 取締役社長 税理士 安徳 陽一
役　　員	取締役 16 名　監査役 2 名　顧問 3 名
社　　員	男性 74 名　女性 31 名 パートナー顧問 10 名

－JPA総研経営参与グループ－

◎綜合未来ビジョン組織体制一覧

〈資格者プロフェッション〉 ≪ 総合化 ≫ 〈おもてなしサービス業務〉

JPA総研経営参与グループ

(1)税理士(法人)

(2)社労士(法人)

(3)行政書士(法人)

(4)経営管理士(法人)

(5)危機管理士(法人)

◎5大法人100人の
寄り添いザムライ業集団

(A)日本パートナー経営参与事務所
(会計事務所改め)
(未来会計,未来経営,社長業務支援)

(B)パートナーバンク21社
(人財コンサル、採用、派遣、
人財育成、紹介支援)

(C)財産クリニック社
(相続対策、
ハッピーエンディング・ライフプラン指導)

(D)JPA 国際コンサルタンツ社
(事業承継、M&A プロ指導
海外進出、投資、
国際税務申告指導)

(E)危機管理コンサルティング社
(企業防衛、超リスマネ保険指導)

◎JPA5大会社
おもてなしサービスの経営参与集団

(6)出 版 業

(7)教育事業

(専門化) 〈 立体化 〉 (融合化)

本社・支社 所在地

本社・支社
〒 101-0062 東京都千代田区神田駿河台 4 丁目 3 番地
新お茶の水ビルディング I7 階
TEL 03-3295-8477 (代表) FAX 03-3293-7944

渋谷支社
〒 151-0051 東京都渋谷区千駄ケ谷 5 丁目 23 番地 13 号
南新宿星野ビル 1 階
TEL 03-5369-2030 FAX 03-5369-2050

多摩本部・立川支社
〒 190-0012 東京都立川市曙町 2 丁目 22 番 20 号
立川センタービル IO 階
TEL 042-525-6808 FAX 042-525-2459

横浜支社
〒 221-0835 神奈川県横浜市神奈川区鶴屋町 2 丁目 23 番地 2 号
TS プラザビルディング 12 階
TEL 045-317-1551 FAX 045-317-1552

郡山支社
〒 963-8043 福島県郡山市名郷田 2 丁目 36 番地
TEL 024-923-2505 FAX 024-923-8099

福島支社
〒 960-8131 福島県福島市北五老内町 7 番地 5 号
ISM37 ビル 301 号室
TEL 024-503-2088 FAX 024-531-8100

東北本部・あだたら支社
〒 964-0891 福島県二本松市大壇 148 番地
TEL 0243-22-2514 FAX 0243-22-3115

仙台支社
〒 980-0021 宮城県仙台市青葉区中央 2 丁目 2 番地 10 号
仙都会館 4 階
TEL 022-748-5641 FAX 022-748-5642

Hawaii Office
1357 Kapoilani Blvd. #920 Honolulu, HI96814
TEL 808-589-0999

～プロフィール～

神野 宗介　法学修士・尚美学園大学大学院教授（元）
税理士・経営参与士・社会保険労務士・行政書士

昭和１６年　６月　福島県二本松市大壇に生まれる
昭和４０年　３月　中央大学商学部卒業
昭和４０年　８月　税理士試験合格
昭和４１年　２月　神野税務会計事務所　開設
昭和４５年　６月　株式会社　ＴＫＣ入会
導入委員・システム委員・研修所常任講師・ＴＫＣ東京中央会会長・ＴＫＣ全国会副会長を歴任
昭和５１年　１月　株式会社日本パートナー会計事務所　設立
代表取締役社長　就任
昭和５１年　２月　社団法人青年会議所運動に没頭し、二本松ＪＣ理事長・日本ＪＣ企業コンサルティング部会長を歴任
昭和５９年１２月　青年会議所を卒業し、同年、同友会運動に参加
その間、福島県中小企業家同友会副理事長を歴任
経営管理士・社労士・行政書士に登録、ＪＰＡ士々の会を結成活動中
平成　元年　４月　福島県中小企業経友プラザ代表幹事、異業種交流カタライザー登録
平成　９年　８月　株式会社日本パートナー会計事務所代表取締役会長　就任
平成１４年　３月　中央大学法学部大学院法学研究科博士号修士課程修了
平成１９年　４月　尚美学園大学大学院　総合政策研究科教授　就任
平成２３年１０月　日本総合租税実務研究会会長　就任
平成２４年１０月　日本戦略経営研究会会長　就任
現　　在　税務会計研究学会正会員　租税理論学会正会員　日本税法学会正会員
日本税務会計学会会員　日本中小企業学会正会員
アジア経済人会議会員　会計事務所後継者問題研究会会長
全日本人事ＭＡＳ協会理事長
ＪＰＡ総研グループ
㈱日本パートナー経営参与事務所　代表取締役
日本パートナー税理士法人　代表社員
日本パートナー社会保険労務士法人　代表社員
日本パートナー行政書士法人　代表社員
㈱ジェーピーエー国際コンサルタンツ　代表取締役会長
㈱日本パートナーバンク２１　代表取締役会長
㈱ＪＰＡ財産クリニック　会長
ＪＰＡ士々の会会長
ＪＰＡハッピーエンディングノートを広める会　会長

新型コロナ禍本番の今!!

中小企業の経営者として
社員と社員の家族の命を必死で守り切ろう!!

今こそ利他の心で社長業の実践者たれ!!

令和3(2021)年9月22日　第1刷発行

著　者　神野 宗介
発行者　斎藤 信二
発行所　株式会社 高木書房
〒116-0013
東京都荒川区西日暮里5-14-4-901
電　話　03-5615-2062
FAX　03-5615-2064
装　丁　株式会社インタープレイ
印刷・製本　株式会社ワコープラネット

乱丁・落丁は、送料小社負担にてお取替えいたします。
定価はカバーに表示してあります。

 Printed in Japan　ISBN978-4-88471-467-3 C0034